마르크스주의와 노동조합 투쟁

마르크스주의와 노동조합 투쟁

토니 클리프·도니 글룩스타인 지음 | 이승민 옮김

책갈피

Marxism and Trade Union Struggle: The General Strike of 1926
- Tony Cliff, Donny Gluckstein
First published in 1986 by Bookmarks Publications
© Bookmarks Publications

Korean translation edition © 2014 by Chaekgalpi Publishing Co.
Bookmarks와 협약에 따라 이 책의 한국어 판권은 책갈피 출판사에 있습니다.

마르크스주의와 노동조합 투쟁

지은이 | 토니 클리프, 도니 글룩스타인
옮긴이 | 이승민
펴낸곳 | 도서출판 책갈피

등록 | 1992년 2월 14일(제18-29호)
주소 | 서울 중구 필동2가 106-6 2층
전화 | 02) 2265-6354
팩스 | 02) 2265-6395
이메일 | bookmarx@naver.com
홈페이지 | http://chaekgalpi.com

첫 번째 찍은 날 2014년 3월 5일

값 8,000원

ISBN 978-89-7966-103-3 03300
잘못된 책은 바꿔 드립니다.

차례

책을 펴내며

2012년을 전후로 한국 노동자 운동이 회복되고 있다.

2010년 말 현대자동차 비정규직 투쟁, 2011년 청소 노동자 투쟁과 한진중공업 희망버스 투쟁으로 회복 조짐을 보이더니 2012년 밤샘노동 폐지와 주간연속2교대제 투쟁, 학교 비정규직 파업, 2013년 진주의료원 폐원 반대 투쟁, 전교조 규약시정명령 거부 투쟁이 벌어졌다. 급기야 2013년 말에는 철도 민영화 반대 파업이 무려 23일간 지속됐고 민주노총 차원의 저항으로 이어지고 있다.

그러나 이런 회복은 순탄하거나 단선적이지 않았다. 노동조합 투사들은 낯익지만 단순하지 않은 여러 장애물에 계속 부딪혔고 앞으로도 그럴 수 있다. 170여 년 동안 노동조합운동에 개입해 온 마르크스주의자들의 경험을 살펴보는 것이 유용한 이유다.

이 책은 1995년 한국에서 《마르크스주의와 노동조합 투쟁》(풀무질)으로 출간된 바 있다. 처음에는 이 번역본을 손봐서 내려고 했으나 금세 난관에 부딪혔다. 워낙 오래전 번역이라 손볼 곳이 많았고 복잡한 전술 문제를 많이 다루다 보니 생각보다 오역이 많았다. 그래서 고민 끝에 완전히 새로 번역했다.

1995년 풀무질판에는 크리스 뱀버리의 "마르크스·엥겔스의 노동조합론"이 부록으로 실려 있었다. 이 글도 여전히 유용하지만 더 다양한 내용을 압축적으로 담고 있는 존 몰리뉴의 새로운 글로 교체했다(최근 아일랜드 상황을 다룬 부분은 꼭 필요하지는 않은 듯해 제외했다).

노동자 운동의 승리를 위해 분투하는 투사들에게 도움이 되기를 바라며 이 책을 펴낸다.

2014년 2월 책갈피 편집부

일러두기

1. 이 책은 Tony Cliff, Donny Gluckstein, "Part 1: Socialists and the Trade Union Movement", *Marxism and Trade Union Struggle: The General Strike of 1926* (Bookmarks, 1986)를 번역한 것이다.

2. 부록 "마르크스주의와 노동조합운동"은 John Molynuex, "Marxism and Trade Unionism", *Irish Marxist Review*, Vol 1, No 1(2012)를 발췌·번역한 것이다.

3. 인명과 지명 등의 외래어는 최대한 외래어 표기법에 맞춰 표기했다.

4. 《 》부호는 책과 잡지를 나타내고, 〈 〉부호는 신문과 주간지를 나타낸다. 논문은 " "로 나타냈다.

5. 본문에서 [ ]는 옮긴이가 독자의 이해를 돕거나 문맥을 매끄럽게 하려고 덧붙인 것이고, 인용문에서 지은이가 덧붙인 것은 [— 지은이]라고 표기했다.

6. 본문의 각주는 옮긴이가 넣은 것이고, 지은이의 각주는 [— 지은이]라고 표기했다.

7. 원문에서 이탤릭체로 강조한 부분은 고딕체로 나타냈다.

머리말[*]

노동계급과 어떻게 관계 맺을지는 마르크스주의자에게 매우 중요한 문제다. 노동자들이 노동조합으로 조직돼 있는 나라에서 이 문제는 마르크스주의자들이 노동조합원과 그들의 투쟁에 어떤 태도를 취해야 하는지로 나타난다. 이 점을 가장 잘 보여 주는 곳은 영국이다.

영국 노동계급의 역사는 영웅적 투쟁과 쓰라린 배신으로 가

---

[*] 이 책의 원서는 3부로 구성돼 있다. 1부는 노동조합 문제를 일반화해서 다루고, 2부와 3부는 1926년 영국 총파업을 자세히 다룬다. 《마르크스주의와 노동조합 투쟁》은 이 가운데 1부만 번역한 것이다. 그래서 머리말에서 소개한 일부 내용이 이 책에는 나오지 않는다.

득하다. 1840년대의 차티스트운동에서 1984~85년 거대한 광원 파업까지 위대한 투쟁들이 벌어졌다. 그러나 노동조합 지도자들과 노동당 정치인들이 부린 농간 때문에 참담한 패배도 겪었다.

두 측면을 압축적으로 가장 잘 보여 주는 사건이 1926년 총파업이다. 1926년 총파업은 단일 파업으로는 영국 역사상 최대 규모였다. 탄광 소유주의 직장 폐쇄에 맞서 투쟁한 광원들을 비롯해 무려 350만 명이 파업에 참가했다. 이 놀라운 연대 행동에 동참한 수많은 노동자들은 자신이 임금 삭감과 장시간 노동에 맞서 싸우는 광원들을 방어하는 것뿐 아니라 노동계급의 운명이 걸린 전투에 뛰어들었다고 느꼈다. 그래서 흔히들 1926년 총파업을 영국 노동운동의 '희망의 나날'로 불렀다. 파업을 호소하면 어디서나 현장 조합원들은 아무도 예상하지 못한 활력과 열정으로 응답했다.

이런 상황은 이 파업의 비극적 결말과 매우 대조적이다. 1926년 5월 12일 영국 노총TUC 중앙집행위원회는 끔찍한 배신을 저질렀다. 노총 지도부는 파업 참가자가 급속히 늘면서 새로운 정점에 오른 바로 그 순간 아무 조건 없이 항복해 버렸다. 이런 배신 때문에 노동운동은 치명적 패배를 겪었고 이 패배에서 벗어나는 데 수십 년이 걸렸다.

로자 룩셈부르크는 1906년에 쓴 소책자 《대중 파업》에서 수많은 노동자가 행동에 나서면 자본주의의 경제 권력과 국가의 정치적 권위를 모두 위협한다고 주장했다. 룩셈부르크는 1905년 러시아 노동자들이 어떻게 투쟁을 통해 정치의식을 높이고 사회를 바꿀 수 있는 힘을 발전시켰는지 설명했다. 영국 노총 지도부는 노동당 지도자들의 도움과 사주를 받으며 1926년 총파업이 러시아처럼 발전하지 못하도록 심혈을 기울였다. 피케팅*, 생필품 제공, 파업 조직에서 관료적 방식이 만연했다.

[노총 지도부는] 어느 부문은 파업하고 어느 부문은 파업해선 안 되는지 주도면밀히 구분해서 통제했다. 한두 사례를 제외하면 정부의 파업 파괴 공작을 묵인했기 때문에 정부는 아무 방해도 받지 않고 공격을 계속했다. 특히 노총 지도부는 이 파업에 정치적 의도가 전혀 없다고 극구 부인했다.

노동조합 관료가 이렇게 행동하는 게 그다지 놀라운 일은 아니다. 사실 노동조합 관료는 이와 아주 다르게 행동한 적이 결코 없다. 주목할 점은 관료 집단이 그런 엄청난 규모의 파업을 제한하고 패배로 이끄는 데 거의 완벽하게 성공했다는 것이다. 지역의 파업 기구가 노총 지도부에게 애매모호한 지침을 명확히 하라고 요구하는 경우도 있었다. 그러나 지도부가 해명하면 이내 잠잠해졌기 때문에 노총의 지침은 실천에서는 전혀 도전받지 않

---

* 파업 불참자나 대체 인력의 작업장 출입을 막고 파업 참가자의 이탈을 막기 위한 대중적 통제 활동.

았다. 1926년 대중 파업의 잠재력은 현실에서 제대로 발현되지 못했는데 이 문제는 사회주의자에게 매우 중요한 쟁점이다.

총파업 기간에 관료 집단이 누린 절대적 권위를 이해하려면 당시 공공연한 혁명적 조직이던 공산당을 살펴봐야 한다. 공산당은 비록 당원 수는 적었지만 상당수 노동조합 활동가에게 신뢰받았다. 공산당은 규모가 작더라도 노총 중앙집행위원회 대신 대안적 지도를 제공하려고 진지하게 노력해야 했다. 비극적이게도 공산당은 끝까지 관료들이 제시한 파업 지침을 거스르는 주장과 실천을 하지 않았다. 공산당은 혁명적 정당답게 행동하지 않았다.

공산당은 1920년에 창당할 때만 해도 1917년 러시아 혁명의 교훈을 바탕으로 영국에서 대중적 사회주의 운동을 펼치겠다고 결의했다. 공산당은 공산주의 인터내셔널(이하 코민테른)의 지부였기 때문에 볼셰비키의 경험에서 배워 이 과제를 수행할 수 있었다. 게다가 노동조합 관료의 보수적 영향력을 약화시킨 당시 영국의 노동운동(전시 직장위원회와 사우스웨일스 탄광의 비공식개혁위원회)에서 배울 수도 있었다.

공산당은 영국에서 마르크스주의 정당을 건설하려고 선구적 노력을 했다. 노동조합 전략, 비공인 파업 등 오늘날의 사회주의자들에게도 유효하고 중요한 논점을 많이 제기했다(자주 잘못된 결론으로 나아가긴 했지만 말이다). 공산당이 추진한 많은 계획이 잘못된 것으로 입증됐지만 우리는 공산당의 성공뿐 아니라 실수에서도 많은 것을 배울 수 있다.

1924년에 공산당이 건설한 '소수파 운동'이 좋은 사례다. 소수파 운동은 '암담한 금요일'([철도·운수 노동조합 지도부가 연대 파업을 거절해] 광원들이 외롭게 싸우도록 남겨진 1921년 4월 15일) 이후 노동조합의 힘이 계속 약해지자 더는 후퇴하지 말자는 캠페인을 벌이면서 성장했다. 소수파 운동은 순식간에 많은 전투적 조합원의 지지를 받았다. 그러나 이 운동은 지지자들을 정치적으로 훈련시키지 않았고 1926년 총파업 기간에는 노동조합 관료의 지침에 반대하려는 시도조차 하지 않았다.

정치적 측면에서 보면 공산당은 개혁주의를 분명하게 반대하는 독립적인 혁명적 정당이라는 볼셰비키의 핵심 개념을 노동조합과 노동당 안에서 활동하는 좌파 '생강 단체'로 바꿔 놓았다.

이런 변질은 대체로 러시아와 코민테른에서 스탈린주의가 성장한 것과 관련 있다. 레닌과 트로츠키가 지도한 초기 코민테른은 혁명가들에게 매우 유용한 길잡이였다. 노동조합 활동 경험이 부족해서 어려움을 겪기는 했지만 노동조합운동에 대한 초기 코민테른의 논의는 혁명적 개입의 본질에 관한 중요한 논점

---

* ginger group. 어떤 조직 내에서 그 조직이 더 잘하도록 자극·격려·비판하는 것을 기본 임무로 삼는 단체. 생강 뿌리를 말에게 먹여 활력 있게 만들었다는 데서 유래했다.

을 여럿 제기했다.

당시 논의 결과 하나가 적색노동조합 인터내셔널이었는데, 이것은 암스테르담에 본부를 둔 개혁주의적 국제노동조합연맹에 속한 노동조합을 설득해 공산주의로 획득하려는 시도였다. 적색노동조합 인터내셔널은 그 창립자들이 서구의 노동조합을 이해하지 못해 여러 문제에 봉착했다. 그러나 스탈린을 중심으로 한 집단이 코민테른에서 높은 지위를 차지하자 상황은 더 나빠졌다. 스탈린이 장악한 코민테른은 러시아의 노동조합 지도자들과 유럽의 개혁주의적 노동조합 관료들의 동맹을 추구하기 시작했고 이것은 영국 공산당의 정치 노선에 심각한 악영향을 미쳤다.

이 모든 쟁점의 바탕에는 노동조합 자체의 성격이라는 문제가 있다. 이 책에서는 노동조합의 기본 특징을 밝히기 위해 전통이 다른 러시아와 영국의 노동조합을 비교할 것이다. 그리고 노동조합운동을 다룬 마르크스·엥겔스·레닌의 저작도 분석할 것이다.

노동조합 관료의 한계를 전형적으로 보여 준 1926년 총파업은 마르크스·엥겔스·레닌이 다루지 못한 문제를 제기했다. 노동조합 관료주의는 왜 나타나는가? 관료의 행동은 무엇에 좌우되는가? 노동조합운동과 노동당 정치는 어떤 관계인가? 노동조합 관료의 좌우 분열은 얼마나 중요한가?

노동조합 안에서 활동하는 혁명적 사회주의자에게 필요한 길잡이를 만들려면 이런 물음에 답해야 한다. 사회주의자에게 가장 중요한 원칙은 마르크스의 원칙, 즉 "노동계급의 해방은 노동계급 스스로 쟁취해야 한다"는 것이다. 따라서 사회주의자는 언제나 현장 조합원 활동을 주목해야 한다. 그러나 노동계급의 자신감이 낮아 노동자 운동이 활발하지 않은 침체기에 이 원칙을 적용하려면 복잡한 전략을 이해해야 한다. 이런 점에서 영국 공산당의 초기 경험과 1926년 총파업을 돌아보는 것은 매우 유용할 것이다.

1926년 총파업은 단지 과거에 일어난 흥미로운 사건이 아니다. 그 경험은 오늘날 사회주의자들에게도 매우 중요하다. 오늘날 우리가 마주하는 문제는 당시 제기된 문제와 상당히 비슷하다. 정부 각료와 노동조합 지도자의 이름은 바뀌었지만 우리에게 주어진 과제는 똑같다. 즉, 조직 노동계급의 잠재력을 해방하려면 혁명적 대중정당을 건설해야 하고 노동조합 관료주의의 영향력을 극복해야 한다.

01

러시아와 영국의 노동조합

노동조합은 자신이 발 딛고 있는 사회 상황에 큰 영향을 받는다. 세계 최초로 노동자 국가를 세운 러시아와 대중적 개혁주의가 가장 먼저 발전한 영국의 노동조합 역사를 비교하면 이 점을 분명히 알 수 있다.

러시아에서는 노동조합 활동이 아주 약했다. 1905년 혁명 전에는 노동조합이 거의 없었다. 1901년에 보안경찰 우두머리 주바토프가 모종의 노동조합을 만들었다. 페트로그라드에 등장한 이 조합의 이름은 '금속산업 노동자 상호부조 협회'였다. 다른 도시에서도 비슷한 조합이 생겨났다. 그러나 2년 뒤 이 조합들이 통제에서 벗어나자 [정부는] 이 조합들을 강제 해산했다. 노동조합다

운 노동조합은 1903년에 설립된 인쇄공 노동조합이 유일했다.

그러나 1905년 혁명의 여파로 노동조합은 제한적이나마 합법성을 쟁취했다. 동시에 스타로스티(직장위원회), 파업위원회, 공장위원회 등 현장 조직들이 우후죽순 등장했다. 파업위원과 공장위원은 작업장에서 직접 선출돼 "임단협을 요구하고 노동자의 고용과 해고를 감시하는 등 작업환경에 영향을 미치는 모든 문제에 목소리를 내기 시작했다."[1]

혁명은 노동조합 조직화에도 엄청난 영향을 줬다. 그러나

1905년 혁명 때조차 러시아 산업 노동자 가운데 매우 적은 비율(7퍼센트 정도인 24만 5555명)만이 노동조합에 속해 있었다. 노동조합의 규모도 매우 작았다. 전체 노동조합 600여 개 가운데 349개는 조합원이 100명 미만이었다. 108개는 조합원이 100~300명이었다. 조합원 수가 2000명을 넘는 노동조합은 22개밖에 없었다. 반동기인 1908~09년에는 노동조합이 거의 존재하지 않았다. 시간이 지나면서 조금씩 회복됐지만 여전히 제한적이었다. 전국적 노동조합은 전혀 없었다. 당시 존재한 몇몇 지역 노동조합의 조합원 수는 전국을 통틀어도 2만~3만 명이었다.[2]

혁명이 패배하고 반동기가 도래하자 극히 적은 공장위원회나 스타로스티만이 유지됐다.

노동조합이 사실상 불법이던 차르 체제에서는 노동조합 관료가 추구하는 개혁주의 전략이 성공할 정치·경제적 여지가 없었다. 1917년 2월 혁명 전까지 노동조합은 보잘것없는 수준이었기 때문이다.

그러나 1917년 2월 혁명 후 노동조합이 급성장했다. "10월에는 페트로그라드에서만 조합원이 39만 명 정도였다. … 페트로그라드는 전 세계에서 노동조합 조직률이 가장 높은 도시에 속했다."[3]

영국, 서유럽, 미국 노동자들과 달리 러시아 노동자들은 산업별 노동조합을 건설했다. 서구의 노동조합은 대체로 직업별이나 기껏해야 업종별로 조직됐다. '직업별 노동조합'은 특정 기술을 가진 노동자들로 이뤄진 협소하고 배타적인 노동조합이고 '업종별 노동조합'은 유관 업종 노동자들로 이뤄진 노동조합이다. '산업별 노동조합'은 직종에 관계없이 같은 산업에 종사하는 노동자를 모두 포함하는 노동조합이다.

러시아 노동자들은 1917년 6월에 열린 제1차 전국노동조합협의회에서 산업별 노동조합을 건설하기로 결정했다.

일부 노동자들은 '업종별 노동조합'을 주장했지만 멘셰비키와 볼셰비키는 힘을 합쳐 이 요구를 기각시켰다. … 산업별 노동조합을 거부한 주요 노동조합은 목재선반공노조뿐이었는데, 이 노동조합은

엄밀히 말하면 직업별 노동조합이 아니라 '업종별 노동조합'이었다.[4]

그래서 러시아 수도 페트로그라드의 조합원은 적어도 90퍼센트가 산업별 노동조합에 속했다.

영국에서는 노동조합이 설립되고 몇 세대가 지나서야 노동조합 관료에게 독립적인 현장 조합원 조직(직장위원회 운동)이 나타났다. 러시아에서는 직장 대표자 조직인 스타로스티가 노동조합과 함께 등장하거나 먼저 생겨났다. 게다가 스타로스티가 조직한 파업위원회는 처음부터 볼셰비키의 강력한 지지 기반이었다. 1917년 6월에 이미 볼셰비키는 공장위원회 중앙집행위에서 확고한 다수파였다.

서유럽 노동자와 노동자 조직은 정치 개혁을 위한 대정부 투쟁과 사용자에 맞서 경제적 처지를 개선하려는 노동조합 투쟁이 분리되는 것을 당연하게 생각했다. 그러나 러시아에서는 차르 정권의 탄압 때문에 이런 분리가 존재하지 않았다.

러시아식 개혁주의 시도는 결코 성공할 수 없었다. '빵과 버터'를 요구하는 가장 기본적인 노동조합 투쟁조차 차르 국가의 혹독한 탄압에 부딪혀 실패했다는 단순한 이유 때문이었다. 경찰과 군대의 탄압 때문에 노동조합운동과 정치를 분리하려는 시도는 모두 무의미해졌다. 이런 정치 환경에서 활동하면서 노동조합은 노동자의 처지를 개선하려면 제정을 타도해야만 한다는 사실을 완전히 인식하게 됐다. 물론 노동조합 내부의 온건파도 강력했다. 전시산업위원회에 노동자 대표로 참여한 멘셰비키 우파가 대표적이었다. 그러나 이들조차 말로는 모종의 사회주의적 노동조합운동을 표방했으므로 미국노동총연맹의 '실리주의자들'이나 영국 노총의 자유당원들 눈으로 보자면 위험하리만큼 급진적이었다. 따라서 1917년 러시아 노동조합 내 '좌파'와 '우파'의 갈등을 분석할 때는 심지어 '우파'조차 막연한 미래에 사회주의 정책을 펴겠다고 공언했으므로 서구의 기준으로는 꽤 급진적이었다는 점을 명심해야 한다.[5]

러시아에서는 노동조합이 소비에트, 즉 노동자 평의회와 동시에 또는 심지어 뒤이어 생겨났다. 영국은 노동조합이 생긴 지 100년도 넘었지만 아직까지 소비에트가 등장한 적은 없다. 소비에트는 정치적 요구와 경제적 요구를 결합해 제시했는데 이것은 당시 러시아 노동운동에서는 당연한 것이었다. "경제와 정치의 긴밀한 결합은 … 1905년 소비에트 대변인의 다음과 같은 말

---

* 제1차세계대전 당시 차르 정부가 전쟁 물자 생산을 늘리려고 노동자 대표들을 끌어들여 구성한 노사 협력 기구. 멘셰비키는 이 기구에 참여하는 것을 지지한 반면 볼셰비키는 반대했다.

** 미국노동총연맹AFL은 미국의 주요 노동조합 연맹이었다. 숙련 노동자만 가입할 수 있었고 우파가 지배했다. ― 지은이.

에 잘 나타났다. '8시간 노동과 무장!'이라는 구호는 모든 페테르부르크 노동자의 가슴속에 살아 있습니다."[6] 이 구호는 소비에트가 사용자에 맞선 경제투쟁과 정권에 맞선 정치투쟁을 모두 조직했음을 보여 준다.

1917년 내내 혁명적 좌파, 즉 볼셰비키의 영향력은 모든 노동계급 조직에서 성장했다. 페트로그라드 공장위원회에 대한 볼셰비키의 영향력은 1917년 5월에 페트로그라드 노동조합협의회에서 다수파를 획득하는 것으로 나타났다. 수도 페트로그라드에서는 인쇄공노조의 숙련직 '노동귀족'만이 볼셰비키에 반대했다. 페트로그라드를 제외한 지역에서는 볼셰비키에 대한 지지가 상대적으로 약했지만 그래도 상당한 지지를 받았다. 1917년 6월에는 전국노동조합협의회 대의원 36.4퍼센트가 볼셰비키를 지지했다. 9월에 열린 민주협의회에서는 노동조합 대표자 58퍼센트가 볼셰비키를 지지했다. 10월에는 우편·전신노조, 인쇄공노조, 영향력이 큰 철도노동자협회를 제외한 주요 산업의 노동조합이 모두 볼셰비키를 지지했다.

러시아의 경험과 정반대 사례가 영국이다. 영국 노동조합운동의 역사는 17세기 말까지 거슬러 올라가며 상시적 노동조합이 생기기까지 수십 년밖에 걸리지 않았다. 시드니 웨브와 비어트리스 웨브 부부는 1720년에 생겨난 재봉사노조가 "우리가 발견한 최초의 상시적 노동조합"이라고 썼다.[7] 1894년에 웨브 부부는 "영국에서 노동조합은 200년 넘게 존재해 왔다"고 기록했다.[8] 오늘날 존재하는 노동조합 상당수는 이름과 구성만 바뀌면서 150년 동안 유지됐다(18세기의 업종 클럽과 협회는 오늘날의 노동조합과 달리 지역단체였고 상호부조를 훨씬 더 중시했다).

제1차세계대전 무렵까지 영국의 노동조합운동은 이미 네 주요 국면을 거쳤다. 19세기 전반에는 로버트 오언의 공상적 사회주의와 인민헌장에 담긴 민주적 권리 요구가 많은 노동조합원들을 사로잡았다. 1850년 이후에는 보수적인 '신모델' 직업별 노동조합이 유력해졌다. 이런 추세는 1889년 무렵 '신노동조합운동'이 등장하면서 잠시 흔들렸고 1910~14년에 '노동자 대투쟁'이 벌어지면서 중대한 도전을 받았다. 각 국면마다 당시의 사회 조건이 중요한 구실을 했다. 초기에는 산업혁명이 불러온 급격한 변화와 경제적 불안정 때문에 전투적 노동조합운동과 혁명적 정치가 성장했다. 1800년대 중반에는 경제가 성장하면서 전투적 노동조합운동의 기반이 약해졌다. '신모델 노동조합'은 1830~34년에 존재한 일반노동조합과 달리 편협하고 보수적이었다. 웨브 부부는 다음과 같이 설명했다. "오언주의와 차티즘 조직들이 공유한 관대하지만 불가피한 '보편주의'가 숙련공의 기득권 보호라는 원칙으로 대체됐다."[9] 이 때문에 영국 노동운동의 뿌리 깊은 부문주의가 나타났다.

19세기 거의 내내 영국의 산업은 다른 나라의 도전을 받지 않았으므로 자본주의 경제가 원활히 돌아갔다. 이 덕분에 사용자들은 숙련 노동자 단체의 요구를 수용할 여지가 있었다. 물론 직업별 노동조합도 경제적 안정을 요구하며 사용자에 맞서 계속 치열하게 투쟁했지만, 역사적 맥락에서 보면 직업별 노동조합주의는 전체 노동계급에게 심각한 피해를 끼쳤다. 직업별 노동조합주의가 노동계급 전체에 미친 영향은 바로 편협한 보수주의 전통을 낳았다는 것이다. 직업별 노동조합주의의 영향을 받은 숙련 노동자들은 투쟁을 확대하거나 자본주의 체제를 전복할 필요가 없다고 생각했다.

부문주의가 영국 노동운동에 깊이 스며들었다. 예를 들어, 러시아의 노동조합은 처음부터 남녀 노동자를 모두 포함했고, 독일에서는 금속노조가 설립된 지 20년 정도 지나서 여성을 조합원으로 받아들였다. 그러나 영국은 금속 산업에서 일하는 여성이 수십만 명이었는데도 여성 노동자는 금속노동자연합 ASE이 설립된 지 91년이 지난 1943년에야 그 후신인 통합금속노조 AEU에 가입할 수 있었다.

1880년대 영국의 산업이 독점적 지위를 잃자 자본가들은 임금과 노동조건을 공격했다. 그 결과 1889년부터 노동조합 설립 물결이 일었고 '신노동조합' 활동가들은 부문주의 장벽을 넘으려고 노력했다. 그러나 그 물결이 사그라지자 직업별 노동조합과 업종별 노동조합이 계속해서 노동조합운동을 지배했다. 그래서 오늘날까지도 영국에는 진정한 산업별 노동조합(이 가운데 가장 중요한 노동조합은 광원노조^{NUM}다)이 매우 적다.

부문주의와 더불어 영국 노동조합운동에서 강력한 경향은 [파업 같은] 노골적 계급투쟁을 강하게 거부하는 태도다. 예컨대 1850년 이후 '신모델' 노동조합은 파업을 반대했다.

> 석공石工노조 중앙위원회는 소속 조합원들에게 "파업이라는 위험한 행동에 동참하지 말라"고 거듭 경고했다. 다음과 같이 촉구하기도 했다. "여러분을 해칠 수 있는 무서운 맹수를 피하듯 파업도 피하십시오. … 형제 여러분! 간곡하게 호소합니다. 여러분의 존재를 귀중히 여긴다면 무슨 수를 써서라도 쓸모없는 파업에 참가하지 마십시오." 몇 년 뒤 리버풀 지부는 "파업은 더는 우리의 처지를 개선하는 수단도, 빼앗긴 권리에 저항하는 방법도 아니다" 하고 주장하고 모든 조합원에게 지지를 호소했다. … 1850년부터 5년 동안 발행된 《납유리 제조공 잡지》에도 파업을 비난하는 기사가 넘쳐났다. 그 잡지의 편집자는 "우리는 파업이 노동조합의 골칫거리라고 생각한다"고 썼다.[10]

금속노동자연합의 사무총장이자 19세기의 가장 영향력 있는 노동조합 지도자 윌리엄 앨런은 1867년에 왕립위원회 위원에게 "모든 파업은 해당 작업장 노동자뿐 아니라 사용자에게도 완전히 돈 낭비입니다" 하고 말했다.[11] 노동조합은 어쩔 수 없이 파업 전술을 써야 하는 상황이 오더라도 파업의 목표를 경제적 요구로 제한했다. 그에 반해 러시아 노동자들은 국가 타도를 목표로 파업을 벌였다.

영국 노동조합운동의 또 다른 특징은 경제투쟁과 정치를 칼같이 분리했다는 것이다. 이런 특징은 차티스트운동이 쇠퇴하면서 나타났다. 1845년 부활절에 열린 전국노동조합협의회는 "상황이 허락하는 한 노동조합 문제는 정치와 분리되고 구분돼야 한다"고 결의했다.[12]

앞에서 살펴봤듯이 러시아에서는 노동조합 설립과 동시에 직장위원회가 대거 등장했다. 영국의 직장위원회는 이와 다르게 출발했다. "직장위원은 해당 작업장 노동자들이 지명한 하급 간부였고 노동조합비 수납을 감독하면서 그 밖의 소소한 책임을 맡았다."[13] 1898년 이래로 금속노동자연합 직장위원은 이런 제한적 활동만 했다. 직장위원회는 제1차세계대전 당시에만 노동운동에서 중요한 구실을 했다.

러시아의 노동조합과 달리 영국의 노동조합은 관료가 지배했다. 영국에서는 이미 1850년대에 상근 관료가 등장했다. 웨브 부부는 다음과 같이 썼다.

이 기간에 노동조합의 지도력은, 이따금 나타나는 열정가와 무책

임한 선동가에서 현장 조합원 가운데 특별히 선택된 업무 능력이 탁월한 유급 상근 간부 계급으로 이동했다.[14]

페이비언주의자인 웨브 부부는 상근 간부를 '노동조합계의 공무원'이라고 부르며 이들의 등장을 환영했다. 상근 간부가 노동조합운동에 보수적 영향을 미쳤기 때문이다. 이전의 직업별 노동조합에서는 상근 간부가 전체 조합원 가운데 소수였고 대체로 선출됐다. 그러나 1889년부터 등장한 신노동조합의 간부는 흔히 임명됐고 당시(특히 1910~14년 노동자 대투쟁 동안)에 노동조합이 급성장하면서 분명하게 구별되는 독특한 집단으로 발전했다. 조합원은 1894년 143만 6300명에서 1914년 391만 8809명으로 늘었는데 상근 간부는 이보다 훨씬 빠르게 늘었다. 1920년에는 상근 간부가 3000~4000명에 달했다.[15]

웨브 부부는《영국 노동조합운동사》(1894)에서 다음과 같이 썼다.

노동조합을 실질적으로 좌우하는 것은 별도의 계급, 즉 대형 노동조합의 상근 간부다. … 1850년에는 이런 노동조합계의 공무원이 존재하지 않았다.[16]

웨브 부부는 상근 간부가 어떻게 '별도의 계급'이 됐는지를 다음과 같이 잘 설명한다.

현장 쟁점은 상근 간부의 급여나 고용조건에 더는 영향을 주지 않는 반면, 조합원과 사용자 사이에 분쟁이 일어나면 상근 간부의 일거리와 걱정거리가 늘어난다. 직공 시절의 가난과 굴종에 대한 뼈저린 기억은 점점 사라지고, 갈수록 조합원들의 불만을 모두 삐딱하고 철없는 짓으로 여기기 시작한다.

이런 의식의 변화와 함께 더 불공평한 관행도 생겨난다. 요즘 중간계급[오늘날의 자본가를 뜻한다 — 지은이]은 대형 노동조합의 상근 간부들을 환대하고 치켜세운다. 중간계급의 저녁 식사에 초대받은 상근 간부는 중간계급의 좋은 집과 고급 카펫, 안락하고 화려한 삶을 부러워한다. …

상근 관료는 하층 중간계급의 교외 거주지에 있는 작은 집으로 이사한다. 물리적 거리가 멀어지자 노동자 친구들과 멀어지고 그의 부인도 친구가 바뀐다. 새로운 이웃의 관습에 젖어 들면서 자신도 모르게 중간계급의 사상을 받아들인다. … 조합원을 대하는 태도도 …. 바뀐다. … 대규모 파업은 조합을 극단적 전쟁에 휘말리게 만드는 위험한 일이다. 파업으로 생기는 힘들고 달갑지 않은 일을 자신도 모르게 꺼리게 되면서 조합원들의 요구에 공감하지 않게 된다. 그러다 결국 대다수 조합원이 만족하지 않는 타협안을 제시한다.[17]

영국 노동조합운동의 또 다른 특징은 노동조합 간부가 국가로 통합됐다는 것이다. 러시아에서는 이런 현상이 나타나지 않았다. 웨브 부부는 다음과 같이 말했다.

1890년에 이미 노동조합은 합법 조직이었다. 일부 노동조합 지도
자는 왕립위원회 위원이나 치안판사로 임명됐고 일부는 공장 감
독관 같은 공무원이 됐다. 두세 명은 하원 의원이 되기도 했다. 그
러나 이런 출세는 아직은 예외적이고 불안정했다. 그 뒤 30년 동안
노동자 투쟁이 다시 분출해 노동조합은 합법적 지위를 확실히 보
장받았다. 노동조합은 모든 공식 조사 기구에 참여할 권리와 정부
가 구성하는 모든 위원회의 위원 지명권을 요구해 실제로 인정받
았다. 노동조합 대표자는 사계 법원과* 지방의회부터 연금·식량·
부당이득법 위원회에 이르기까지 여러 지자체 기구에 동등하게 참
여할 권리를 얻었다. 노동당은 의석을 확보하며 영향력을 키웠다.
가장 주목할만한 사실은 국가가 암묵적으로 노동조합을 국가 행
정기관의 일부로 인정했다는 것이다.[18]

이런 통합은 국가가 매우 심각한 위기에 처했을 때 정점에 다
다랐다.

노동조합과 그 대표자의 지위가 크게 향상된 것은 … 바로 제1차

---

* 과거 영국에서 계절별로 연 4회 열려 가벼운 사건을 다루던 지방법원.

세계대전 때였다. 노동조합은 노동자 대표 기구이면서 동시에 정부 기구였다. 당연히 이런 지위 향상은 노동조합이 정부에 그에 상응하는 대가를 췄기 때문에 가능했다.[19]

러시아의 노동조합운동은 1905년과 1917년 혁명과 함께 나타났다. 영국에서는 자본주의가 '정상적'으로 팽창하는 과정의 일부로 노동조합이 생겼다. '신모델' 노동조합은 산업이 팽창한 1850년대에 등장했는데 당시 자본주의 경제는 전례 없이 빠르고 안정적인 성장을 25년 동안 누렸다.[20] 영국에서도 노동조합은 순탄하게 성장하지 않았다. 노동조합은 경제가 호황과 불황을 겪듯이 오르락내리락했지만 성공과 실패가 더 극명했다. 1872~73년, 1889~90년, 1910~18년은 노동조합의 상승기였지만 1875~79년과 1892~93년에는 사용자의 탄압으로 조합원이 대폭 줄었다.

이렇듯 노동조합은 시시각각 변한다. 러시아에서는 노동조합이 노동자 대중을 단결시키고 혁명적 권력투쟁에 동참시킬 수 있음을 보여 줬다. 영국에서는 노동조합이 기능·산업·성별로 노동자를 분열시킬 수 있음을 입증했고 그 결과 계급투쟁을 협소한 임금 인상 투쟁으로 제한했다. 러시아의 노동조합은 관료주의의 위험을 차단했고 현장 조합원들의 요구를 제대로 반영해 활동하는 지도자를 배출했다. 영국의 노동조합은 노동자 투쟁에 걸림돌 구실을 하는 관료층을 양산했다.

02

마르크스주의, 노동조합, 노동조합 관료

많은 마르크스주의자들을 포함해 흔히 사람들은 노동조합을 역사의 흐름과 무관한 고정불변의 것으로 묘사한다. 노동조합은 종류도 많고 다양하며 계속 변한다. 그러나 기본적으로 노동조합의 본질과 활동 방식은 그것이 혁명기의 결과물인지 '정상적' 자본주의의 결과물인지에 따라 다르다.

마르크스와 엥겔스는 차티스트운동을 겪으며 1848년까지 노동조합에 관해 여러 글을 남겼다. 그러나 20~40년 뒤에는 생각이 완전히 바뀌었다. 전자의 시기에는 노동조합의 구실을 훨씬 더 구체적으로 다뤘다.

1844년 엥겔스는 《영국 노동계급의 상태》에서 노동조합이 노동자들 사이의 경쟁을 철폐하기 위해 노력한다고 썼다. 그런데 경쟁은 "현 사회질서의 중추신경이다." 그러므로 노동조합 투쟁은 자본주의 체제에 맞선 투쟁으로 나아갈 수밖에 없다. 노동조합은 "특정한 경쟁만이 아니라 경쟁 자체를 철폐하려고 애쓸 것이고 결국 그렇게 할 것이다."[1]

파업은 자본주의 체제에 맞선 전면전으로 확대될 수 있는 게릴라전이다. 엥겔스는 다음과 같이 썼다. "최근 놀라울 정도로 자주 벌어지는 파업은 무엇보다 영국 전역에서 벌어진 사회적 전쟁의 규모가 어느 정도인지를 보여 준다." 파업은 소규모 전투이고 "피할 수 없는 위대한 전쟁을 준비하는 노동자의 군사 학교다. … 노동조합은 가장 훌륭한 전쟁 학교다."[2]

노동조합이 자본에 맞선 저항을 조직하면서 자본주의 권력에 대한 도전으로 나아간다는 이 같은 주장은 마르크스와 엥겔스의 초기 저작에 거듭거듭 나타난다. 마르크스는 《철학의 빈곤》 (1847)에서 다음과 같이 썼다.

개별 노동조합이 단지 임금을 유지하려고 저항에 나서더라도 힘을 모아 탄압하는 자본가들 때문에 서로 무관하던 노동조합들이 단결한다. 언제나 단결해 탄압하는 자본과 싸우다 보니 노동자들은 임금보다 노동조합 유지를 더 중요하게 여기게 된다. 영국 경제학자들은 자신들이 보기에 그저 임금 인상을 위한 기구인 노동조합을 방어하려고 노동자들이 자신의 임금 상당 부분을 포기하는 게 도무지 이해가 안 된다. 진정한 내전인 이런 투쟁 속에서 다가올 전투에 필요한 요소가 모두 결합하고 발전한다. 투쟁이 이런 수준에 도달하면 노동조합은 정치적 성격을 띠게 된다.[3]

《철학의 빈곤》보다 앞서 저술한 《독일 이데올로기》에서도 마르크스와 엥겔스는 다음과 같이 썼다.

소수일지라도 일단 단결해서 파업에 돌입하면 노동자들은 혁명적 방식으로 행동해야 한다는 것을 금세 깨닫는다. 이것이 1842년 잉글랜드 봉기와 그에 앞선 1839년 웨일스 봉기에서 배울 수 있는 교훈이다. 1839년 노동자들은 처음으로 혁명적 열정을 광범하게 드러내며 전면적으로 무장하고 곧바로 '신성한 달'을 선포했다.[4]

이 사건들은 차티스트운동과 관련 있었다. 1839년 7월 의회가 최초의 인민헌장 청원을 거부하자 차티스트들은 총파업, 즉 '신성한 달'을 호소했다. 먼저 1839년 11월 초 사우스웨일스에서 광원들이 봉기를 일으켰다가 경찰과 군대에게 진압당했다. 1842년 8월 의회가 두 번째 청원마저 거부하자 수많은 산업 중심지에서 노동자들이 즉각 행동에 돌입했고 총파업으로 발전했다. 이것은 역사상 최초의 총파업이었다.

1842년 총파업이 절정에 달했을 때 노동자 50만 명이 파업에 참가했고 파업 물결은 던디와 스코틀랜드의 탄광에서 사우스웨일스와 콘월까지 이어졌다. 1842년 총파업은 1926년 총파업보다 두 배나 더 오래 지속됐다.[5]

1842년 파업은 1905년 러시아에서 파업이 일어나기 전까지 세계에서 가장 많은 노동자가 참가한 파업이었다. 1842년 파업은 랭커셔 남동부의 비교적 작은 도시인 스테일리브리지에서 시작됐다. 파업은 맨체스터 동쪽의 여러 도시와 산업 지구로 확대됐고 금세 맨체스터 전역으로 퍼졌다. 여기서 불붙기 시작한 파업은 랭커셔의 나머지 도시와 체셔, 요크셔로 확대됐다. 얼마 후 랭커스터, 노리치, 칼라일 등으로 번졌고 마침내 던디에서 서머싯, 사우스웨일스까지 휩쓸었다.

노동자들은 파업을 확대하려고 피케팅 원정을 다녔다. 노동자들은 이것을 '동참파업'*이라고 불렀다. 한 공장의 노동자들이 다른 공장으로 행진해서 파업 동참을 호소하며 그 공장 노동자들을 밖으로 불러냈기 때문이다.

1842년 파업은 경제적 요구와 정치적 요구를 결합시켰다.

---

* 이것이 오늘날 동맹파업(turn-out)의 기원이 됐다.

파업은 노동조합과 노동운동의 시야를 넓혔다. 파업은 개별 산업에 국한된 일상적·노동조합적 요구를 넘어 계급적 목표를 제기했다. 임금 인상 요구와 보통선거 요구가 결합되면서 노동계급 투쟁은 혁명적 사회변혁을 위해 싸우는 수준으로 발전했다.[6]

당시 상황에서 노동계급의 보통선거 요구는 자본주의 사회질서에 대한 혁명적 도전이었다. 1842년 파업 참가자의 재판에서 수석 재판관은 다음과 같이 말했다. "무산계급이 법을 만들 힘을 갖는다면 유산계급은 파멸할 수밖에 없을 것입니다."[7]

공식 파업 조직은 1905년과 1917년에 [러시아에서] 등장한 소비에트처럼 발전할 조짐도 보였다. 다양한 노동조합과 파업 조직을 통합하려는 협의회가 영국 전역에서 열렸다. 맨체스터 협의회는 다음과 같이 진행됐다.

방직공, 기계공 등 특정 업종에 종사하는 노동자들의 대회가 열린 뒤 수천 명이 참가한 전체 대회가 열렸다. 동력직기공, 기계공 등 다양한 직공의 업종별 협의회가 끝난 뒤 전체 노동조합 협의회가 열렸다. 각 단계는 더 높은 단계로 나아가며 노동조합 중앙 협의회로 이어졌다.[8]

노동조합 협의회는 일반적 파업위원회보다 발전한 형태였다.

협의회는

지역사회를 조직하고 운영했으며 치안판사와 군 지휘관에 맞섰다. 노동 허가증을 발행하고 치안을 유지하고 식량을 모으고 분배하기도 했다. 또 대중 집회를 열어 모든 사람이 파업 계획을 결정할 수 있도록 했다.[9]

그러나 20년 후 마르크스와 엥겔스는 노동조합이 협소한 시야에 갇혀 근시안적 목표를 추구하기 때문에 사회주의 운동을 이끌 수 없다고 비판했다. 《임금, 가격, 이윤》(1865)에서 마르크스는 다음과 같이 썼다.

동시에 노동계급은 임금제도의 노예라는 자신의 처지를 망각한 채 일상 투쟁을 궁극적 활동인 양 과장하면 안 된다. 노동계급은 자신이 원인이 아니라 결과에 맞서 싸우고 있다는 사실을 명심해야 한다. 일상 투쟁은 하향세를 지연시킬 뿐 그 방향을 바꾸지는 못한다. 병 자체를 고치지 못하는 임시 처방일 뿐이다. 그러므로 노동계급은 끊임없는 자본의 공격과 시장의 변화로 계속해서 발생하는 불가피한 게릴라전에만 골몰하지 않도록 노력해야 한다. '공정한 노동에 따른 공정한 임금!' 같은 보수적 구호는 '임금제도 철폐!'라는 혁명적 구호로 바뀌어야 한다. …

노동조합은 자본의 공격에 맞서 투쟁하는 저항의 구심이다. 노동조합이 패배하는 부분적 이유는 자신의 힘을 제대로 활용하지 못하기 때문이다. 일반적 이유는 노동조합이 자본주의 체제의 결과에 맞서 싸우는 것으로 스스로를 제한하기 때문이다. 즉, 자본주의 체제에 도전하지 않고 자신의 조직력을 노동계급 해방과 임금제도 철폐를 위한 지렛대로 사용하지 않기 때문이다.[10]

그 뒤 1871년 제1인터내셔널 런던 대회에서는 다음과 같이 말했다.

영국에서 노동조합은 50년 동안 존재했지만 특권적 소수만 포함할 뿐 대다수 노동자들은 노동조합 바깥에 있습니다. 가난한 노동자들은 노동조합에 가입하지 못합니다. 경제 발전을 이유로 날마다 농촌에서 도시로 쫓겨나는 수많은 노동자들은 노동조합의 보호를 받지 못합니다. 가장 끔찍한 처지에 놓인 노동자들은 노동조합 근처에도 못 갑니다. … 런던 이스트엔드의 빈민가 출신 노동자들도 마찬가지여서 열에 하나만 조합원입니다. 농업 노동자와 일용직 노동자는 절대로 노동조합에 가입하지 못합니다.[11]

런던 대회를 준비하던 시기에 엥겔스도 이탈리아 동지에게 비슷한 내용의 편지를 보냈다. 엥겔스는 다음과 같이 썼다.

강력하고 부유한 대형 노동조합이 주도하는 영국의 노동조합운동은 전체 운동을 전진시키는 수단이 아니라 장애물이 돼 버렸습니다. 런던에는 미조직 노동자가 무수히 많은데 이 노동자들은 오랫동안 정치 운동과 거리를 뒀기 때문에 매우 무지합니다.[12]

마르크스와 엥겔스가 1844~47년과 1865~71년에 노동조합을 상반되게 평가한 것은 노동조합 자체의 특성이 변했기 때문이다. 1865~71년의 직업별 노동조합은 관료가 지배했는데 이 관료들은 부르주아 사상을 수용했고 보수정당인 자유당이나 보수당을 지지했다. 직업별 노동조합은 다른 노동자와의 경쟁 속에서 자신의 부문적 이익만 방어하며 조직을 유지했다. 이 시기의 노동조합은 1842년 총파업에 참여하고 차티스트운동을 지지한 노동조합과 달랐다.

레닌의 글에서도 이 같은 양상을 발견할 수 있다. 레닌은 일상적 시기와 달리 혁명적 시기에는 경제적 노동조합 투쟁과 정치투쟁이 훨씬 더 긴밀히 결합된다고 봤다. 그래서 1905년 1월 초 페트로그라드 푸틸로프 공장의 자발적 파업에서 노동자들이 보여 준 행동을 예로 들며 노동자들에게 '혁명적 본능'이 있다고 주장했다.

순전히 경제적 요구를 내세우며 시작한 파업이 놀라울 정도로 빨리 정치적 투쟁으로 바뀌었고 수많은 노동자들은 엄청난 연대 의식과 열정을 보여 줬다. 사회민주주의자[당시 이 말은 혁명적 사회주의자를 뜻했다 — 지은이]의 의식적 개입이 없거나 매우 미미했는데도 말이다.[13]

1905년 혁명 와중에 레닌은 "노동계급은 본능적으로, 자생적으로 사회민주주의자"라고 썼다.[14] 다시 말하지만, 당시는 대다수 사회민주주의 정당이 개혁주의적 색채를 드러내기 전이었기 때문에 사회민주주의자는 혁명적 사회주의자를 뜻했다.

로자 룩셈부르크도 레닌의 주장을 지지했다. 룩셈부르크는 1905년 혁명의 의기양양한 나날을 설명하며 경제적 개혁을 위한 투쟁이 자생적으로 혁명적 행동으로 발전할 수 있다고 주장했다. 그러나 룩셈부르크는 "혁명적 시기의 열광적 분위기에서만"[15] 이런 변화가 가능하다고 덧붙였다.

다른 한편 레닌은 비혁명적 시기에는 노동조합 의식과 혁명적 의식이 확연히 다르다고 강조했다.

자생적으로 발전한 노동계급 운동은 부르주아 사상에 종속된다. … 자생적 노동계급 운동은 노동조합주의이기 때문이다. … 노동조합주의는 노동자를 부르주아지의 사상적 노예로 만든다.[16]

혁명적 정당이 개입하지 않으면 노동계급은 개별 자본가에 맞선 투쟁과 사회체제에 도전하는 투쟁 사이에 있는 간극을 뛰어넘을 수 없다.

혁명 와중에 등장한 노동조합은 '정상적' 시기에 등장한 노동조합과 질적으로 분명히 다르다. 혁명적 또는 준혁명적 시기가 도래하면 부문주의와 관료주의 문제를 안고 있는 '정상적' 노동조합은 복잡한 문제에 봉착한다. 이 문제는 뒤에서 다룰 텐데 그전에 먼저 일상적 시기의 노동조합의 특성을 살펴보겠다. 노동조합은 노동자들을 단결시키기도 하지만 분열시키기도 한다. 이론상 노동조합이 이룰 수 있는 단결의 최대치는 전체 노동계급을 포괄하는 단일 노동조합일 것이다(일부 사회주의 활동가들은 이런 '단일 거대 노동조합'을 꿈꾸기도 했다). 그러나 업종별 노동조합**이라는 이름 자체가 보여 주듯 노동조합은 부문주의를 내포하기 때문에 현실에서 단일 노동조합은 가능하지 않다.

---

* 마르크스주의와 노동조합을 다루는 많은 글이 1840년대와 1860년대에 마르크스의 견해가 달랐던 것이나 1905년 혁명을 거치며 레닌의 견해가 바뀐 것에 주목한다. 그러나 이런 차이를 부적절하게 설명하는 경우가 많다. A 로좁스키의 《마르크스와 노동조합》(1936)과 R 하이먼의 《마르크스주의와 노동조합운동의 사회학》(1971)이 그런 예다. 하이먼은 마르크스·레닌·트로츠키 등이 '낙관적'이거나 '비관적'으로 접근하기 때문이라고 주장한다. 그러나 1848년과 1860년대의 견해 차이는 마르크스의 기분 탓이 아니라 계급투쟁이 변했기 때문이다. 1848년 영국의 노동조합은 자본주의 체제를 위협했지만 1860년대에는 그러지 않았다. 마르크스의 주장이 바뀐 것은 감정적·지적 변화 때문이 아니라 노동계급의 의식과 투쟁력이 달라졌기 때문이다. 그리고 이 두 요소[계급의식과 투쟁력]가 노동조합의 특성을 결정한다. — 지은이.

** 영어로 노동조합은 trade union인데 trade는 업종이란 뜻이다.

조직 노동자가 모두 임금제도 철폐를 목표로 삼는다면 당연히 단일 조직으로 뭉쳐 하나의 목소리를 낼 수 있다. 그러나 노동조합의 과제는 임금제도 철폐가 아니다. 노동조합의 구실은 자본주의 생산관계 안에서 그리고 임금제도 안에서 노동자의 이익을 방어하는 것이다. 노동조합의 존재 이유는 노동자가 착취당하는 조건을 개선하려는 것이지 착취 자체를 없애려는 것이 아니다. 산업별로 노동자의 임금과 노동조건이 다르기 때문에 노동조합은 같은 산업의 노동자를 단결시키지만 다른 산업 노동자와는 분리한다. 노동조합의 지형도는 자본주의의 지형도와 일치한다. 어떤 곳에서는 낮은 임금이 문제고 다른 곳에서는 노동강도와 위험한 작업환경이 문제다. 하나의 협상에서 요구가 다른 교사와 광원을 모두 만족시킬 수는 없다. 그래서 교사는 광원노조에 가입할 수 없고 그 반대도 마찬가지다.

노동조합 관료의 구실은 노동조합의 협소한 경제주의적·부문주의적 특성에서 나온다. 사용자와 협상하는 일을 전문으로 하는 관료와 노동 대중 사이에 분업이 나타난다. 노동조합 관료는 노동자와 사용자를 중재한다. 바로 이런 구실 때문에 노동조합에서 관료의 권위가 강화된다. 관료는 노동자의 불만을 관리하는 사람이다.

그 결과 … 관료는 자신이 대변하려는 노동자에게서 멀어진다. 관료는 작업 현장의 규율과 지저분하고 위험한 작업장에서 자유로워진다. 관리자와 시시각각 벌이는 충돌에 무뎌지고 조합원들과의 유대감도 약해진다. 관료는 깨끗하고 쾌적한 사무실로 자리를 옮겨 전과 완전히 다른 환경에서 일한다. 관료의 임금은 조합원보다 적을 수도 있지만 더는 자본주의 생산의 등락에 좌우되지 않는다. 관료는 초과근무를 하지 않아도 되고 조업단축이나 해고에서도 자유롭다. 한 공장이 문을 닫더라도 해고 규모를 협상해야 하는 관료는 해고되지 않는다. 끊임없이 밀실에서 사용자와 협상하면서 관료는 노동조합의 가장 중요한 업무가 협상, 타협, 화해라고 생각하게 된다. 투쟁은 협상을 방해하며 노동조합 기금을 축내는 성가시고 위험한 일이다. 관료는 착취당하는 노동자들의 조건을 개선하겠다는 제한된 목표마저 뒤로 하고 노동조합 자체를 최고의 목표로 삼게 된다.[17]

기본적으로 노동조합 관료는 자본주의 사회의 [대립하는] 양대 계급인 사용자와 노동자 사이에서 균형을 이루려고 한다. 관료는 사용자도 노동자도 아니다. 노동조합 관료가 상근자를 여러 명 채용할 수 있더라도 그 자체로 자본가처럼 사회·경제적 지위를 부여받는 것은 아니다. 다른 한편 관료는 저임금과 사용자의 횡포, 고용 불안 등 다수 노동자가 경험하는 고통을 겪지 않는다.

노동조합 관료는 기본적으로 보수적이고 다른 사회집단과 구별되는 사회계층이다. 야누스 신처럼 두 얼굴을 가졌다. 즉, 사용자와 노동자 사이에서 왔다 갔다 한다. 관료는 투쟁을 억누르고 통제하지만 동시에 정부와 사용자에 대한 협력 수준도 조절해 노동조합의 존재 이유가 의심받지 않도록 심혈을 기울인다. 노동조합 관료는 독립적 중재자가 아니다. 관료가 조합원의 요구를 제대로 대변하지 못하면 조합 내부에서 지도력에 대한 도전이 나타날 수 있고 실망한 조합원들이 경쟁 노동조합에 가입하면서 조직이 분열할 수도 있다. 노동조합 관료가 부르주아 진영으로 너무 가까이 가면 자신의 기반을 잃을 것이다. 관료에게는 자신의 수입과 사회적 지위의 원천인 노동조합을 보존하는 것이 중요하다.

노동조합 관료는 의식 수준이 다른 조합원 사이에서 균형을 맞추려고 한다. 수동적이고 무관심하거나 무지한 후진 부위를 이용해 활동적이고 저항적인 선진 부위를 억누른다. 그리고 다른 노동조합과 비교하면서 노동조합에 대한 통제력을 강화한다. 같은 산업에 여러 노동조합이 있기 때문에 완전히 단결해서 행동하기가 쉽지 않은데 관료들은 서로를 핑계 삼아 자신의 투쟁 회피를 손쉽게 정당화한다.

노동조합 관료가 받는 두 종류의 압력, 즉 사용자와 정부가 가하는 압력과 현장 조합원이 가하는 압력이 늘 균형을 이루는 것은 아니다. 노동조합에 가해지는 두 압력의 강도는 엎치락뒤치

락한다. 아래에서 조합원이 가하는 압력이 더 클 때도 있고, 위에서 자본가와 국가가 가하는 압력이 우세할 때도 있다. 양쪽에서 가하는 압력이 상대적으로 약해서 노동조합 관료의 자율성이 커질 때도 있다. 반대로 이해관계가 완전히 다른 두 계급이 가하는 압력이 모두 강해서 노동조합 관료의 입지가 좁아질 수도 있다. 그러나 노동조합 관료는 언제나 자신의 이익을 추구하려 애쓰기 때문에 어떤 경우에도 조합원들을 온전히 대변한다고 믿을 수 없다.

물론 노동조합 관료가 모두 똑같은 것은 아니다. 다른 산업에 속한 관료들은 위아래에서 받는 압력의 정도가 다르다. 관료들의 이데올로기도 동일하지 않다. 관료 내 좌우파를 구분하는 것은 중요하다. 노동조합 사이에서든 노동조합 내에서든 관료들이 분열하면 관료의 보수적 영향력을 약화시킬 수 있다.

그러나 좌우파 관료는 모두 근본적으로 보수적 사회계층에 속하므로 그들의 차이는 부차적이다. 관료들의 보수성은 1926년 총파업 같은 급진적 시기에 더 분명히 드러난다. 이런 시기에 관료는 모두 노동자들의 전투성을 억누르고 통제하려 한다.

노동조합 관료는 노동자와 사용자 사이에서 갈팡질팡하면서 이중적 구실을 하지만 운신의 폭이 제한적이라는 사실도 알아야 한다. 다른 글에서 [이 책의 지은이 가운데 하나인] 토니 클리프는 다음과 같이 설명했다.

노동조합 관료는 소심하고 개혁주의적이다. 이 때문에 믿을 수 없을 정도로 무기력하고 불쌍한 처지에 놓인다. 노동조합 관료는 개혁을 꿈꾸지만 국가와 관계가 틀어질까 불안해하고(국가는 새로운 개혁을 거부할 뿐 아니라 기존의 개혁을 되돌리기도 한다), 개혁을 쟁취할 수 있는 유일한 동력인 노동자 투쟁도 두려워한다. 현장 조합원은 누릴 수 없는 자신들만의 특권을 빼앗길까 봐 노심초사한다. 노동조합 관료는 국가가 노동조합을 통제하는 것은 싫어하지만 대중투쟁을 그보다 더 두려워한다. 결정적 시기에는 언제나 국가 편을 들지만 그럴 때조차 오락가락한다.[18]

노동조합 관료가 처음부터 관료로 출발하는 것은 아니다. 오히려 관료의 상당수는 노동계급 투사로 이름을 떨쳤기 때문에 지지를 받고 상층 지도부가 된다. 좌파 노동조합 관료만 그런 것도 아니다.

어니스트 베빈은 1920~30년대 [영국] 노동운동에서 가장 영향력 있는 우파 관료였다. 베빈은 1926년 총파업에서, 특히 총파업을 패배로 이끄는 데서 핵심적 구실을 했다. 그러나 이런 베빈조차 과거의 전투적 활동 덕분에 지도자가 된 것이다. 베빈의 전기 작가는 제1차세계대전 직전 노동자 대투쟁 당시 베빈의 활동을 다음과 같이 기록했다.

베빈은 브리스틀을 항만노조의 아성으로 만드는 데 지도적 구실을 했다. … 항만 노동자들의 지지를 받아 노동조합 협의회 위원으로 선출된 베빈은 브리스틀 전역에서 노동조합운동에 새로운 활력을 불어넣었다.[19]

베빈이 전국적으로 유명해진 것은 1920년에 쟁취한 두 가지 성과 덕분이었다. 베빈은 소비에트 러시아에 대한 영국의 군사개입을 저지한 실행위원회를* 지도했고 '쇼 청문회'에서 항만 노동자의 권리를 방어했다. "베빈은 '항만 노동자의 최고 변호인'이라는 명성을 바탕으로 [14개 노동조합을 통합해] 운수일반노조를 결성할 수 있었다."[20]

과거에 아무리 뛰어난 전투적 투사였더라도 관료로서 오랜 기간 노동조합 자체를 보존하는 데 급급하고 노동자와 사용자 사이에서 중재자로 행동하면 관료적 사고방식이 자라날 수밖에 없다. 사실 관료는 과거의 전투적 활동 덕분에 쌓인 신뢰를 바탕으로 노동조합을 더 효과적으로 통제한다.

노동조합과 사회주의 운동의 관계에 대한 가장 중요한 교훈은 투쟁 과정(예컨대 1926년 총파업)에서 배울 수 있다. 지금도 유용한 그 교훈을 살펴보겠다.

---

* 군수품 선적 거부를 조직했다.

1926년과 마찬가지로 오늘날에도 노동조합 문제는 영국을 비롯한 대다수 선진 자본주의 국가의 혁명적 사회주의자에게 가장 중요한 쟁점이다. 노동계급의 권력 장악을 지도하려는 사회주의자는 노동계급 다수의 지지를 받을 때만 그리고 그 지지를 바탕으로 노동계급의 대중조직, 특히 노동조합을 획득해야만 권력 장악이라는 혁명적 과제를 수행할 수 있다.

그러나 혁명적 정당은 노동조합과 다르다. 노동조합과 달리 분리된 산업이나 업종을 기반으로 당원을 조직하지 않는다. 혁명적 정당은 공통의 정치적 전망을 가지고 행동 통일과 조직의 의무를 다하는 사람으로 당원을 한정하기 때문에 규모가 작다. 노동조합의 가입 기준은 이와 다르다. 노동조합은 조합원이 많을수록 자신의 과제를 더 효과적으로 수행할 수 있다. 트로츠키는 다음과 같이 썼다.

노동조합은 의식 수준이 다른 광범한 대중을 포괄한다. 노동조합은 포괄하는 대중의 폭이 넓을수록 자신의 과제를 더 잘 수행한다. 그러나 조직의 폭이 넓어지면 그 깊이는 얕아질 수밖에 없다. 노동조합과 지도부 안에 기회주의·민족주의·종교적 경향이 존재한다는 사실은 노동조합이 전투적 노동자뿐 아니라 후진적 노동자도 다수 포괄한다는 사실을 보여 준다. 그러므로 노동조합의 약점은 [광범한 대중을 포괄한다는] 장점에서 비롯하는 것이다.[21]

따라서 혁명가들이 노동조합 문제를 다룰 때는 다음과 같은 점을 유념해야 한다. 일상적 시기에 노동계급은 전혀 단일하지 않다. 오직 혁명적 격변기에만 노동계급은 공통의 목표와 사회주의적 의식에 도달할 수 있다. 혁명적 격변기에는 노동조합이 가장 중요하고 지도적인 대중조직이 된다는 보장은 없다(미조직 노동자들이 대거 노동조합에 가입하겠지만 말이다). 노동조합은 보조적 구실을 하거나 아예 새로운 조직, 즉 권력 장악 투쟁에 더 적합한 노동자 평의회, 다시 말해 소비에트로 대체될 수도 있다.

이로부터 노동자 대중은 혁명기에야 혁명적 의식을 가질 수 있으므로 혁명이 도래하기 전까지 마르크스주의 당은 선전 활동만 해야 하고 노동조합이 벌이는 부문 투쟁에 개입하지 말아야 한다는 결론을 내릴 수도 있다. 그러나 이런 결론은 완전히 틀렸다. 혁명은 자생적으로 벌어지는 것이 아니라 계급투쟁의 산물이기 때문이다. 따라서 노동자들은 스스로 자본주의를 전복할 태세를 갖출 때까지 그리고 자본주의가 전복될 정도로 약해질 때까지 자본주의 체제 안에서 제한적이고 간접적인 투쟁을 끊임없이 해야 한다. 이와 마찬가지로 혁명을 성공으로 이끌 수 있는 단단한 혁명적 정당도 오직 이런 투쟁 속에서만 건설될 수 있다.

혁명적 정당이 마르크스주의 활동을 선전으로 제한하지 않고 투쟁에 개입하려 할 때 남는 선택은 무엇일까? 혁명적 정당은 현장 조합원의 자주적 행동을 고무할 수 있다. 또는 노동조합 지도자들이 조합원의 요구를 대변해 행동하도록 압박하는 생강 단체를 조직할 수도 있다. 그러나 후자를 선택하는 것은 위험하다. 조합원들이 압력을 가해 노동조합 지도자를 혁명으로 견인할 수 있다는 생각은 노동조합 관료의 본질을 잘못 이해하는 것이고 관료에 대한 환상을 부추겨 노동자의 의식과 실천을 무디게 한다. 노동조합 지도자가 압력에 떠밀려 조합원의 요구를 수용할 수는 있지만 그렇다고 해도 노동조합 지도자가 노동자 대중의 집단적 행동을 대체할 수는 없다. 노동계급의 자주적 행동이 가장 중요하다.

혁명적 정당이 노동자 투쟁을 지도할 때는 우선순위가 분명해야 한다. 먼저 자본주의의 기본 대립, 즉 프롤레타리아와 부르주아지의 대립에서 출발해야 한다. 다음으로 노동조합 관료와 현장 조합원의 모순을 고려해야 한다. 마지막으로 관료의 이중적 특징에서 비롯한 관료들 사이의 분열도 살펴봐야 한다. 자본주의 사회의 두 주요 계급인 노동자와 사용자가 상반된 압력을 가하기 때문에 관료들 사이에서 논쟁이 벌어진다.

관료들 사이의 논쟁 때문에 현장 조합원 운동을 지도하는 혁명적 정당과 노동조합 관료(좌파 관료뿐 아니라 때로는 우파 관료와도)의 공동 행동이 가능해진다. 이런 공동 행동은 노동자 투쟁을 발전시키는 데 유용할 수 있다. 대다수 좌파 노동조합 관료도 신뢰하기 어렵고 오락가락하지만 혁명가와 관료의 일시적 동맹은 전체적으로 보면 노동조합 관료의 통제력을 약화시킬 수 있기 때문이다. 혁명적 정당은 노동조합 관료의 좌우 분열과, 전투적으로 연설하는 사람(설사 말뿐일지라도)과 호시탐탐 타협하려는 사람 사이의 분열을 활용할 줄 알아야 한다. 이런 분열을 활용해 현장 조합원의 독립성, 자발성, 자신감을 높일 수 있다. 그러나 한 가지 조건이 충족돼야 한다. 즉, 혁명적 정당은 현장 조합원들이 좌파 노동조합 관료를 신뢰하거나 급진적 미사여구에 속지 **않도록** 해야 한다. 노동조합 관료가 전투적 노동자 투쟁에 앞장설 때조차 관료의 의도, 즉 그들이 [운동을 주도하면서] 그 운동을 더 효과적으로 통제하려는 것임을 조합원들에게 거듭 말해야 한다.

좌파 관료와의 동맹은 광범한 **행동**을 조직하기 위한 수단일 뿐이다. 매우 급진적이고 훌륭한 주장이라도 노동자 대중의 행동을 대체할 수는 없다. 관료와의 동맹 전술이 옳았는지는 한 가지 기준, 즉 그 전술이 행동을 조직하고 그 결과 노동자들의 자신감과 계급의식이 높아졌는지로 평가해야 한다. 이것이 유일한 평가 기준이고 노동조합 내에서 구사하는 전술도 모두 이 기준으로 평가해야 한다.

현장 조합원의 힘을 강화하려면 노동조합 내부의 민주주의를 위해 싸워야 한다. 노동조합마다 민주주의 수준은 상당히 다르다. 노동조합 규약이나 조직 문화가 민주주의에 중요한 영향을 미친다. 그러므로 혁명적 정당은 관료의 통제를 약화시키는 좌파적 규약(정기적 지도부 선출, 지도부 소환권, 관료의 임금이 동종 산업 노동자의 임금에 종속되도록 하는 것 등)을 제안해야 한다. 그러나 제아무리 뛰어난 규약이라도 조합원들의 행동이 뒷받침되지 않으면 휴지 조각에 불과하다.

혁명가들은 노동조합이 자본주의 국가로 통합되는 경향을 수수방관해서는 안 된다. 이런 경향은 세계대전 같은 위기 때 더 도드라지기도 한다. 혁명이 일어나지 않는 한 노동조합이 자본가계급과 자본주의 국가에 완전히 독립적일 수 없다는 것은 사실이지만 그렇다고 해서 일상적 시기에 자본가계급과 국가에 대한 노동조합의 의존을 줄일 수 없는 것은 아니다.

일상적 시기에 노동조합은 (자본주의 전복이 아니라) 자본주의 내에서 노동자들의 처지 개선을 목표로 활동한다. 실제로 노동조합은 자본주의 체제가 설정한 틀을 암묵적으로 수용한다. 그리고 정치 쟁점을 배제하거나 자본주의 사회질서에 도전하지 않는 개혁주의 정당을 지지하는 경향이 있다.

혁명가들은 노동조합의 이런 경향을 무시해서는 안 된다. 노동조합 활동에 대한 혁명가들의 접근법은 개혁주의자들과 사뭇 다르다. 개혁주의자들은 점진적 변화를 지지하고 혁명에 반대한다고 주장한다. 그러나 개혁주의자들은 자본주의 내에서 노동자의 처지를 개선하고자 하므로 자본주의가 양보를 허용할 만큼 건강할 때만 개혁을 쟁취할 수 있다. 경제가 위기에 빠지면 개혁 주의자들은 개혁을 위한 투쟁에서 무능함을 드러내고 과거에 쟁 취한 개혁도 지키지 못하는 경우가 흔하다. 반면 혁명가들은 개 혁과 혁명이 모두 필요하다고 주장한다. 혁명가들은 자본주의 내에서 개혁을 쟁취하려고 투쟁하고 자본주의 자체도 전복하려 고 투쟁한다. 노동자의 계급의식은 자본주의 체제 내에서 벌어 지는 투쟁을 통해 성장한다. 이런 투쟁을 거치며 훈련된 노동계 급의 일부는 체제가 필연적으로 위기에 빠질 때 혁명적 지도를 제공할 수 있다.

1905년 페트로그라드 소비에트의 구호, '8시간 노동과 무장!' 은 개혁을 위한 투쟁과 혁명의 관계를 잘 보여 준다. 이 구호는 노동시간 단축 요구를 러시아 국가의 무장 기구에 대한 도전과 결합한 것이었다. 영국의 노동 대중이 개혁과 혁명의 연관성을 이런 식으로 분명히 표현한 적은 거의 없지만 그렇다고 마르크 스주의자들이 노동자 투쟁과 노동조합을 정치화하려는 투쟁을 포기해서는 안 된다.

혁명적 정당은 노동조합을 **사회주의적** 조직으로 변화시키려고 노력해야 한다. 오로지 혁명기에만 이런 노력이 결실을 맺겠지만 말이다. 지금 당장 노동조합 내에서 정치를 강화하는 실천을 해 야 한다. 노동조합 전체는커녕 개별 노동조합도 획득하기 쉽지 않지만 지부 활동가, 개별 노동조합의 일부 집단, 조합원 개인 등 소수를 사회주의 사상으로 이끌 수 있다.

혁명적 정당은 조합원들의 활동을 강조한다. 이것은 노동계급이 투쟁을 통해 변하지 않으면 사회를 바꿀 수 없다는 생각, 즉 아래로부터의 사회주의 사상을 일관되게 적용한 것이다. 그렇다고 일상적 시기(혁명이 일어나기 전)에 노동조합 기구의 지도부 선출에 기권하자는 것은 아니다. 지도부에 도전하고 지도력을 획득하려고 노력하지 않으면서 지도부를 비판만 할 수는 없다. 그러나 혁명가가 노동조합 선거에 출마할 때는, 특히 전임 지도부에 출마할 때는 분명하고 확고한 원칙이 있어야 한다. 직장위원, 지부 지도부, 노동조합 협의회 대의원이나 사무장에 출마할지 말지를 결정하는 가장 중요한 기준은 그 직책을 활용해 현장 조합원 **활동**을 지원하거나 이 활동의 방해물을 제거할 수 있느냐는 것이다. 노동조합 지도부가 현장 조합원 활동을 대체할 수는 없다. 따라서 어떤 직책에 출마할지를 판단할 때는 그 직책이 해당 노동자들의 전투성을 높일 가능성이 있는지가 결정적으로 중요하다.

혁명적 정당의 목표는 노동계급을 선동하고 그 과정에서 노동계급의 대중조직, 무엇보다 노동조합에서 영향력을 획득하는 것이다. 그러나 혁명기가 아니고서야 이런 목표를 온전히 달성할 수는 없다. 혁명적 격변 전에 조합원 다수를 획득할 수 있다거나 노동조합 관료 기구가 노동자들의 의식 변화를 빠르게 수용해 확 달라질 수 있다는 생각은 착각이다. 이런 잘못된 생각 때문에 한편으로 노동조합 활동을 선전주의적으로 이해하는 경향(투쟁에 개입하지 않으면서 노동자들을 마르크스주의로 획득하려고 노력하는 경향)이 생기고, 다른 한편으로 관료와 화해하는 경향(상층 지도부를 장악하거나 지도부에게 영향력을 행사하려고 애쓰는 경향)이 나타난다.

혁명가들은 영광의 그날이 올 때까지 팔짱 끼고 앉아서 기다리면 된다고 말하려는 게 아니다. 투쟁의 모든 국면에 개입하는 것이 사활적으로 중요하다. 혁명가들이 다수 노동자의 지지를 받을 정도로 영향력이 커지면 노동조합의 형태와 지도부가 바뀌는 것으로 나타나기 마련이다. 혁명가들이 노동조합에 용해될 위험도 크지만 그렇다고 기권하는 것이 해결책은 아니다. 이런 위험을 피하려면 혁명적 정당은 노동조합 지도부인 당원을 집단적으로 통제해야 하고 그 당원이 당의 현장 조직이나 지역 조직의 결정을 따르도록 해야 한다. 혁명적 정당은 노동조합 지도부 전체를, 특히 노동조합 지도부로 활동하는 당원을 통제하려고 끊임없이 노력해야 한다.

어떤 경우에도, 예컨대 혁명적 정당의 당원이나 혁명적 정당이 지지하는 좌파 후보가 노동조합 지도부 선거에 출마하더라도 노동조합 선거는 노동자들의 활동을 보조해야지 대체해서는 안 된다. 노동조합 선거는 현장 조합원의 힘을 대신하는 것이 아니라 강화해야 한다.

혁명가는 모든 노동조합 지도부를 대할 때 1915년 11월 클라이드노동자위원회가 발표한 성명을 따라야 한다.

우리는 지도부가 노동자들을 올바로 대변하는 한 지도부를 지지할 것이다. 그러나 그러지 않으면 곧바로 독자적 행동에 나설 것이다.[22]

트로츠키도 다음과 같이 잘 표현했다.

'대중과는 언제나 함께, 동요하는 지도부와는 어쩌다 함께, 오직 지도부가 대중의 선두에 있을 때만.' 노동자 대중이 동요하는 지도부를 행동하도록 밀어붙일 때는 지도부를 활용하는 것이 필요하다. 그러나 한순간도 지도부에 대한 비판을 삼가서는 안 된다.[23]

무엇보다 혁명적 정당은 사회주의를 위한 투쟁이 작업장에서 사장과 노동조합 관료에 맞서 벌어지는 나날의 전투와 밀접하게 연관된다는 것을 잊지 말아야 한다. 작업장과 동떨어져 벌어지는 일은(노동조합 선거는 물론이거니와 국회의원 선거는 더더욱) 사회주의 투쟁과 거의 아무 관계가 없다는 것을 명심해야 한다.

03

노동조합 문제에 대한 레닌의 기여

레닌과 볼셰비키의 강점은 자신의 경험과 투쟁을 바탕으로 마르크스주의 이론을 풍부하게 만들 수 있었다는 것이다. 그러나 노동조합 문제에 대한 기여는 일반적 수준을 넘지 못했다. 1917년 전까지 경제투쟁을 다룬 레닌의 잘 알려진 글은 《무엇을 할 것인가?》가 유일했다. 나중에 레닌은 1901~02년에 쓴 《무엇을 할 것인가?》를 구체적인 역사적 맥락과 당시 벌어진 논쟁에서 떼어 내 보면 안 된다고 강조했다. 그렇지만 《무엇을 할 것인가?》는 혁명적 정당(당시 용어로는 사회민주주의 정당)의 정치 활동과 서유럽 노동조합의 통상적 구실은 다르다고 매우 분명하게 설명했다. 레닌은 노동조합에 대해 다음과 같이 썼다.

노동조합이 얻은 성과라고는 노동력 판매자가 자신의 '상품'을 더 좋은 조건에 팔도록 한 것이고 순전히 상업적 거래에서 구매자와 싸우는 법을 배운 것이다. … 사회민주주의 정당은 노동계급 투쟁이 노동력 판매 조건을 개선하도록 도울 뿐 아니라 가난한 사람이 부자에게 노동력을 판매할 수밖에 없게 강요하는 사회체제를 철폐하도록 지도한다. 사회민주주의 정당은 특정 자본가와의 관계에서뿐 아니라 현대 사회의 모든 계급 관계에서, 조직된 정치 세력인 국가와의 관계에서 노동계급을 대변한다.[1]

《무엇을 할 것인가?》를 쓰고 제1차세계대전이 벌어지기 전에 레닌은 노동조합 문제를 다시 다뤘다. 당과 노동조합의 관계를 놓고 다시 논쟁이 벌어졌는데 이때 레닌은 태도를 바꿔 노동조합이 정치 문제에 중립적이어야 한다는 생각을 반박하려 했다. 이 논쟁은 독일의 자유노동조합에서 시작됐다. 자유노동조합은 독일 사회민주당이 설립했는데 이제는 사회민주당에 '정치적 개입'을 중단하라고 강하게 요구했다. 많은 논쟁 끝에 1907년에 열린 제2인터내셔널 대회는 다음과 같이 분업을 인정했다.

이데올로기·정치·경제적 예속에서 벗어나 프롤레타리아가 완전히 해방되려면 노동계급의 정치투쟁과 경제투쟁이 모두 필요하다. 프롤레타리아의 정치투쟁을 조직하고 지도하는 것은 사회민주주의

[정당들 — 지은이]의 임무인 반면 노동계급의 경제투쟁을 조직하고 지도하는 것은 노동조합의 과제다.[2]

러시아에서도 이 논쟁이 수면 위로 떠올랐지만 1905년 혁명이 패배한 후 러시아에는 대중적 노동조합운동이 없었으므로 당연히 추상적일 수밖에 없었다. 그래서 러시아에서는 현실에 존재하는 당과 노동조합의 관계가 아니라 당과 노동조합의 이상적 관계를 둘러싸고 논쟁을 벌였다. 볼셰비키는 노동조합이 중립적이어야 한다는 생각과, 당과 노동조합이 각각 정치투쟁과 경제투쟁을 분담한다는 분업 개념을 강하게 비판했다. 레닌은 1907년에 볼셰비키가 통과시킨 결의안을 지지하며 인용했다.

당대회는 노동조합에서 활동하는 당 조직과 당원에게 사회민주주의 활동의 주요 과제가 무엇인지 상기시켰다. 즉, 노동조합이 사회민주주의 정당의 사상적 지도를 받아들이고 그것과 조직적 연계를 구축하도록 설득해야 한다.[3]

이런 관점은 노동조합에서 활동하는 혁명가들에게 올바른 출발점이다. 혁명가들은 단지 훌륭한 활동가에 머물거나 방관적 태도로 설교만 해서는 안 되고 이데올로기적 지도력을 쟁취하려고 투쟁해야 한다.

그러나 이런 일반적 관점으로는 노동조합 관료와 현장 조합원의 이해가 대립할 때 발생하는 복잡한 상황에 대처할 수가 없다. 지도부의 영향력만을 보고 현장 조합원을 등한시하거나 반대로 지도부의 영향력에 대해서 기권하는 태도로 [사실상] 현장 조합원을 관료의 통제에 내맡길 위험이 있다. 이 문제는 나중에 다루겠다.

1914년 8월 제1차세계대전이 발발하자 노동조합 지도부와 대다수 사회민주당과 노동당은 국제주의적 미사여구를 팽개치고 피비린내 나는 제국주의 전쟁을 지지했다. 레닌은 왜 이런 재앙이 발생했는지 설명하려고 노력했다. 레닌은 그 답을 노동귀족론에서 찾았는데 이 이론의 골자는 마르크스와 엥겔스가 영국 노동조합을 설명하며 처음 제시했다.

레닌의 이론에는 뛰어난 장점이 있었다. 노동귀족론은 지도자들의 배신이 낳는 파괴적 효과에 주목했고 조직의 필요성을 강조했다. 레닌은 조직을 건설할 만큼 계급의식과 연대의식이 높고 자신감 있는 노동자들(즉, 노동계급이 전진하도록 이끌어야 하는 노동자들)이 왜 전위로서 제구실을 하지 못하는지 설명하려고 노력했다. 당시 많은 사회주의자들이 지도와 조직에 대한 원칙을 버리고 노동조합 관료와 개혁주의 관료의 급속한 우경화에 편승했기 때문에 지도와 조직을 강조하는 것이 중요했다.

1915년 레닌은 "인터내셔널의 붕괴"라는 글에서 개혁주의(레닌이 고안한 용어로는 '기회주의')를 다음과 같이 설명했다.

제국주의는 다른 나라를 억압하는 '위대한' 특권을 가진 나라들이 나머지 세계를 분할하는 시대다. 이런 특권과 억압으로 약탈한 전리품 가운데 적은 양이 일부 프티부르주아와 노동귀족, 노동 관료에게 하사된다는 것은 의심의 여지가 없다.[4]

얼마나 많은 노동자가 '전리품'을 받았을까? 레닌은 "전리품을 하사받는 계층은 … 프롤레타리아와 노동 대중 가운데 무의미할 정도로 소수"라고 말한다.[5] 이런 분석에 따라 레닌은 개혁주의를 "다수 프롤레타리아의 이익을 거슬러 일부 노동자가 부르주아지와 맺는 동맹"이라고 정의했다.[6]

레닌은 소수 '노동귀족'의 경제적 기반이 제국주의와 제국주의의 초과이윤에 있다고 주장했다. 레닌은 1920년 7월 6일 《제국주의 ― 자본주의의 최고 단계》 서문에 다음과 같이 썼다.

막대한 초과이윤(자본가들이 식민지에서 거둬들이는 이윤이 '자국' 노동자를 쥐어짜서 얻는 이윤보다 높다는 뜻이다) 덕분에 노동운동 지도자와 상층 노동귀족을 매수할 수 있다는 것은 명백하다. 그리고 '선진'국 자본가들은 정말로 그렇게 한다. 자본가는 직간접적으로, 알게 모르게 수많은 방법으로 노동운동 지도자와 상층 노동귀족을 매수한다.

이 부르주아화한 노동자층, 즉 '노동귀족'은 생활 방식, 소득수준, 세계관 등이 완전히 프티부르주아처럼 변했는데, 이들이 바로 제2인터내셔널의 주요 버팀목이고 오늘날 **부르주아지를 지탱하는 주요 사회적 버팀목**(군사적 버팀목은 아니지만)이다. 노동귀족은 노동운동에 침투한 부르주아지의 진정한 **첩자**이고 자본가계급의 노동 담당 비서이고 개혁주의와 애국주의를 부추기는 자들이다.[7]

레닌의 가정, 즉 서유럽 자본주의의 엄청난 성장에서 극소수의 보수적 프롤레타리아만 이득을 본다는 생각에는 결함이 있다. 자본주의 경제는 알량한 경제적 혜택을 일부 노동계급에게만 나눠 주는 방식으로 작동하지 않는다. [이 책의 지은이 가운데 하나인] 토니 클리프는 다른 글에서 다음과 같이 썼다.

레닌의 개혁주의 분석을 비판적으로 검토하려면 가장 먼저 다음과 같은 물음을 던져야 한다. 초과이윤, 예컨대 영국 기업들이 식민지에서 뽑아낸 초과이윤이 어떻게 영국 '노동귀족'에게 '하사되는 전리품'으로 바뀌는가? 이 물음에 대한 답은 레닌의 개혁주의 분석 전체가 틀렸음을 입증한다. …

노동자에게 다음과 같이 말하는 자본가는 없다. "올해 이윤이 많이 남았으니 여러분의 임금을 올려 주겠다."

물론 제국주의와 자본수출은 공업국 노동자의 임금 수준에 큰 영향을 미칠 수 있다. 기계·철도·기관차 등을 생산하는 많은 노동자에게 일자리를 제공해서 말이다(자본수출의 실제 내용이다). 이렇게 고용수준에 미치는 영향은 분명히 전반적 임금수준에도 영향을 미친다. 그러나 이것이 왜 '극소수'의 실질임금에만 영향을 미쳐야 하는가? 고용이 증가하고 실업이 감소하면 소수의 '노동귀족'만 증가하고 노동계급 대중의 조건은 아무 변화가 없는가? 완전고용에 가까운 조건은 숙련 노동자와 미숙련 노동자의 임금격차를 증대시키는가? 분명히 그렇지 않다. …

사실, 미숙련 노동자와 반#숙련 노동자의 생활수준을 높이는 조처는 모두 그들과 숙련 노동자의 생활수준 격차를 감소시킨다. 교육 수준을 포함해 전반적 생활수준이 높을수록 미숙련 노동자가 반숙련 노동자나 숙련 노동자가 되기도 쉬워진다. 형편이 넉넉한 노동자가 견습 기간의 경제적 부담도 감당하기 쉽다. 그리고 노동자가 기술을 더 쉽게 배울수록 숙련 노동자와 미숙련 노동자의 임금격차도 감소한다.

또, 제국주의는 후진국이나 식민지에서 식량(과 원료)을 헐값에 들여와 노동자에게 제공하는 방식으로 '전리품'을 하사한다는 주장도 있다. 그러나 이 요인도 소수 '노동귀족'뿐 아니라 공업국 노동계급 전체의 생활수준에 영향을 미친다. 즉, 노동자들의 전반적 생활수준을 높여서 똑같은 노동계급 내 부문간 격차를 감소시키는 것이다.[8]

레닌의 이론에서 경제적 분석은 한 축일 뿐이었다. 레닌의 이론에는 노동조합과 관련한 중요한 결론도 있었다. 개혁주의의 경제적 뿌리가 소수의 노동자층보다 더 깊은 곳에 있다는 사실 때문에, 서유럽에서는 혁명적 사회주의 운동을 건설하기가 러시아보다 훨씬 더 어려울 수밖에 없었고, 장기간의 악전고투가 필요했다. 당연히 혁명적 정당을 포함해 어떤 대중정당도 대중이 널리 받아들이는 사상의 영향에서 완전히 자유로울 수 없었다.

[그러나] 레닌의 이론은 개혁주의의 영향력을 과소평가했을 뿐 아니라 개혁주의의 본질도 잘못 이해했다. 1916년 10월에 쓴 글 "제국주의와 사회주의의 분열"에서 레닌은 '노동귀족'의 본질을 더 자세히 설명했다. 레닌은 영국과 독일의 노동조합원 전체를 노동귀족이라고 규정하는 위험한 수준으로까지 나아갔고 그래서 조합원들이 부르주아지에게 매수됐다고 주장했다.

19세기에 '대중조직'인 영국의 노동조합은 부르주아 노동자 당을 지지했다. 마르크스와 엥겔스는 이런 상황에 체념하지 않고 비판했다. 우선 마르크스와 엥겔스는 노동조합이 소수 **프롤레타리아만** 포괄한다는 사실을 간과하지 않았다. 당시 영국에서 노동조합원은 전체 프롤레타리아의 5분의 1을 넘지 못했다(지금 독일의 조직률도 비슷하다).

엥겔스는 특권적 소수인 낡은 노동조합이 지지하는 '부르주아 노동자 당'과 진정한 다수인 '최하위 계층'을 구분하고 진정한 다수에게 '부르주아 명망'에 감염되지 말라고 호소했다. 이것이 마르크스주의 전술의 핵심이다!

얼마나 많은 프롤레타리아가 사회애국주의와 기회주의를 지지하고 또 앞으로 지지할지는 아무도 알 수 없다. 이것은 오직 투쟁을 통해서만 드러날 것이고 사회혁명을 통해서만 확실히 판명될 것이다. 그러나 한 가지는 분명하다. 제국주의 전쟁을 지지하는 '조국 수호자'는 소수를 **대표**할 뿐이다. 그러므로 사회주의를 고수하는 우리의 과제는 진정한 대중에게 더 가까이 다가가고 더 깊숙이 들어가는 것이다.[9]

1910~17년 레닌과 가까웠던 그레고리 지노비예프는 여러 글에서 노동조합원과 '노동귀족'을 동일시하는 견해를 더 거칠게 표현했다. 1915년에 쓴 "기회주의의 사회적 뿌리"라는 글에서 지노비예프는 군수산업 노동자를 "눈앞의 이익을 위해 영구적 이익을 팔아넘기"고 "반동의 도구"가 된 가장 분명한 사례로 지목했다.

소수의 노동귀족층이 존재한다는 것은 분명하다. 이 소수에게 군수산업의 왕들이 전쟁이라는 풍성한 이윤 잔치에서 나온 떡고물을 던져 준다. 소수의 노동귀족은 전쟁 전에도 높은 임금을 받았는데 전쟁 와중에는 더 높은 임금을 받았다. 이 소수는 전쟁 전에도 온갖 특혜를 누렸다. 전쟁이 계속되는 동안 그들은 훨씬 더 큰 특혜를 누리게 됐다. 이 노동귀족이 대부분 전장에 끌려가지 않은 것만 봐도 알 수 있다.[10]

그 뒤 벌어진 여러 사건은 지노비예프의 분석이 완전히 틀렸음을 입증했다. 전쟁이 끝날 무렵 유럽 전역에서 바로 이 군수산업 노동자들(예컨대 베를린의 DWM 노동자들, 페트로그라드의 푸틸로프 노동자들, 클라이드사이드의 위어Weir 노동자들)이 새로운 산업 투쟁의 선봉에 섰다. 베를린과 페트로그라드에서는 이 투쟁이 혁명으로 발전했다. 군수산업 노동자들이 투쟁에 나설 때 다른 부문 노동자들, 즉 '최하위 계층'은 아직 잠잠한 상태였다.

지노비예프의 분석은 지나치게 단순하기도 했는데, 노동 관료의 뿌리가 바로 노동귀족이라고 생각했기 때문이다.

노동 관료는 흔히 노동귀족 출신이다. 노동 관료와 노동귀족은 피를 나눈 형제다.[11]

노동 관료와 노동귀족의 관계는 이보다 훨씬 더 복잡하다. 전체적으로 볼 때 노동귀족론은 관료와 노동귀족을 동일시하고 이어서 노동귀족과 노동조합원 전체를 동일시하는 경향이 있었다. 이 때문에 각 집단의 상이한 구실을 이해하기가 오히려 어려워졌고 이런 논리를 연장했다면 기존 노동조합에서 활동하지 말자는 결론으로 나아갔을 것이다. 1920년 [코민테른 2차 대회에서] 러시아 대표로 발언한 라데크는 다음과 같이 시인했다. "전쟁 초반에 우리 대다수는 노동조합운동이 생명을 다했다고 생각했습니다."[12]

레닌의 분석, 즉 "소수 노동귀족인 … 노동조합원"을 "노동계급의 '최하위 대중'이 대표하는 '미개척지'"와 대립시킨 주장 때문에 노동조합 문제를 둘러싼 혼란은 더 커졌다. 일부 사람들은 노동조합 활동으로 얻어 낸 임금 인상이 사실은 은폐된 형태로 받는 뇌물이라고 생각하기도 했다. 레닌의 주장은 자신의 의도와 달리 초좌파적 결론, 즉 노동계급이 개혁의 성과물에 매수될 수 있으므로 임금 인상 같은 개혁을 위한 투쟁은 전진을 가로막는 걸림돌이라는 결론으로 나아갈 수도 있었다.

개혁주의의 기원을 분석한 레닌의 연구는 전쟁 시기의 혁명적 사회주의에 매우 큰 도움이 됐다. 레닌은 대다수 개혁주의 지도자들이 전쟁을 지지하면서도 그 배신 행위를 숨기려고 늘어놓은 교묘한 변명을 조목조목 비판했다. 그리고 개혁주의 지도자들이 노동운동 안에서 자본가계급을 위해 봉사한다는 사실도 보여 줬다. 동시에 레닌은, 제국주의 전쟁을 지지하는 수많은 노동자를 보며 절망한 나머지 노동계급이 혁명적 변화의 주체라는 신념마저 버린 많은 사람들에게 굴복하지도 않았다.

마지막으로 레닌의 이론은 마르크스주의 운동 안의 썩은 부분을 도려내는 구실을 했고 그래서 원칙을 고수하던 마르크스주의자들이 단단하게 유지될 수 있었다. 그렇지만 레닌의 이론은 상당히 무딘 도구였고 복잡다단한 전술적 결정을 해야 하는 서유럽 혁명가들에게 가장 일반적인 지침만 제공했을 뿐이다.

04

코민테른과 노동조합 전략

　초기 코민테른은 마르크스주의를 발전시키는 견인차 구실을 했다. 코민테른은 많은 분야에서 풍부한 경험을 쌓은 러시아 공산주의자들이 창립했다. 그러나 아쉽게도 러시아 공산주의자들은 노동조합 활동 경험이 많지 않았다. 그래서 1926년 총파업으로 나아가는 몇 해 동안 영국 공산당이 드러낸 노동조합 정책의 약점을 보완하는 데 별다른 도움을 주지 못했다.

　1919년 3월에 열린 코민테른 1차 대회는 노동조합을 매우 짧게 언급했을 뿐이다. 1차 대회 선언문을 작성한 트로츠키는 혁명의 시기에는 소비에트가 노동조합을 쉽게 대체할 것이라고 주장했다.

낡은 노동조합 조직과 그 최고 지도자들은 새로운 시대의 과제를 해결하는 것은 고사하고 이해조차 못 한다는 것이 드러났다. … 프롤레타리아는 새로운 유형의 조직, 즉 업종을 넘나들며 노동 대중을 포괄하는 광범한 조직을 창조했다.[1]

이 선언문에는 소비에트가 등장하면 노동조합이 서유럽 혁명을 전진시키는 데 부차적 구실을 할 것인지 아니면 아무 구실도 못 할 것인지가 분명하게 드러나지 않는다.

이후 전개된 사태는 트로츠키가 틀렸음을 증명했다. 노동조합은 사라지기는커녕 모든 나라에서 엄청나게 성장했다. 1920년에 이르면 공산주의 깃발을 올리기만 하면 혁명이 확산될 것이라는 생각이 틀렸고 시대의 요구를 더 냉철하게 평가해야 한다는 것이 분명해졌다. 그렇지만 혁명이 확산될 것이라는 기대는 여전히 높았다.

1920년 4~5월에 레닌은 《'좌익' 공산주의 ― 유치증》을 썼다. 마르크스주의 전략과 전술을 탁월하게 다룬 이 책에서 레닌은 볼셰비키의 권력 장악 경험을 바탕으로 주장을 펼쳤다. 《'좌익' 공산주의 ― 유치증》은 정치적 유연함, 전진할 때와 후퇴할 때를 판단하는 능력, 대중적 지지를 얻기 위해 의회 같은 적대적 기구에서 활동하는 것이 얼마나 중요한지를 자세히 설명했다. 노동조합과 관련해 레닌은 '좌익' 공산주의자들이 퍼뜨린 "유치하고 어리석은 생각", 즉 공산주의자들은 노동조합에 기대를 거는 수많은 노동자와 거리를 둬야 한다는 주장을 단호하게 비판했다.

레닌은, 보수적 노동조합 안에서 활동하기를 거부하는 것은 의식이 미숙하거나 후진적인 노동자 대중을 보수적 지도자들의 영향력 아래 방치하는 것이라고 말했다. 혁명가들은

> 대중이 있는 곳이라면 어디서나 무조건 활동해야 한다. 프롤레타리아나 반半프롤레타리아 대중이 있는 기구·협회·단체(아무리 반동적이라도)에서 체계적이고 끈기 있게, 꾸준하고 참을성 있게 선전·선동하려면 어떤 희생도 감수할 수 있어야 하고 어떤 난관도 헤쳐 나갈 수 있어야 한다. … 우리가 노동조합에 들어가서 그 안에서 공산주의 활동을 할 수만 있다면 … 어떤 희생이라도 치를 수 있어야 하고 … 심지어 (필요하다면) 책략과 술책을 부리고 불법적 방법도 활용하고 침묵하고 속임수를 쓸 수도 있어야 한다.[2]

그러나 레닌은 이런 매우 일반적인 주장을 넘어 노동조합에서 어떻게 활동할지에 대한 실천적 지침을 제시하지는 않았다. 특히 관료주의 문제는 거의 다루지 않았다.

1920년 7월 19일에 열린 코민테른 2차 대회에서는 "운동이 직면한 가장 심각하고 중요한 문제"로[3] 부상한 노동조합 문제를 두고 열띤 토론이 벌어졌다. 라데크가 토론의 포문을 열었다. 레닌

과 마찬가지로 라데크의 주된 관심은 유럽의 강력한 신디컬리즘 경향, 즉 혁명적 노동자는 대중적 노동조합과 분리해 협소한 혁명적 노동조합을 독자적으로 건설해야 한다는 주장에 맞서 싸우는 것이었다. 이런 주장을 논박하는 것은 매우 중요했다. 라데크는 [혁명가들의] 과제가 분명하다고 생각했다.

문제는 다음과 같습니다. 부문 투쟁은 결국 노동자 대중을 자본주의에 맞선 전면전으로 이끌 것입니다. 이런 투쟁에서 '새로운 방법'은 없습니다. 노동조합이라는 훌륭한 대중조직에서 관료주의라는 반혁명적 경향을 무너뜨리고 완전히 몰아내면 노동조합은 노동계급 투쟁을 광범한 전선으로 이끄는 최상의 기관이 될 것입니다.[4]

라데크의 주장은 대체로 일리가 있었다. 또 라데크는 일부 사람들과 달리 이 과제가 어렵다는 것을 인정할 자세도 돼 있었다.

이제 우리는 보수적 노동조합을 혁명적 조직으로 바꾸는 것이 실제로 가능한지 하는 물음에 도달했습니다. 코민테른 대회에 제출한 테제에서 우리는 공산주의자에게 다음과 같은 일반 원칙을 제시했습니다. 노동조합에 가입하고 주요 노동조합을 획득하기 위해 투쟁하라. 그러나 우리는 이 일반 원칙을 현실에 적용할 때 부딪힐 어려움을 외면해서는 안 됩니다.[5]

[이런 일반 원칙을 적용하기 어려운] 예외적 상황도 있었다. 미국의 세계 산업노동자동맹IWW은 기존 노동조합 외부에서 활동해야 했다. 노동조합 간부인 '교섭위원들'이 미숙련 노동자를 매우 적대했기 때문이다. 그러나 라데크는 이런 상황을 고려하지 않고 다음과 같은 주장을 반복했다. "노동조합을 획득하는 투쟁을 벌여야 한다는 것이 우리의 일반 원칙입니다."[6]

라데크의 분석에는 중대한 결함이 있었다. 개혁주의적 노동조합과 분리하려는 신디컬리스트를 비판한 것은 옳았지만 노동조합 관료를 몰아낼 수 있다거나 관료에게서 통제권을 빼앗아 공식 노동조합 기구를 혁명의 편으로 만들 수 있다는 라데크의 믿음은 완전히 비현실적이었다. 수십 년 동안 존재해 온 서유럽의 노동조합 관료는 십중팔구 혁명이 승리한 후에야 몰락할 것이다. 이 문제는 나중에 다루겠다.

코민테른 대회에 파견된 영국과 미국의 대표들은 라데크의 주장에 반대했다. 영국에서 참가한 윌리 갤러처와 잭 태너, 미국에서 참가한 루이스 프라이나와 존 리드의 주장은 확실히 많은 면에서 초좌파적이었고 노동조합에서 꾸준히 활동하는 게 중요하다는 것을 과소평가했다. 그렇지만 산업 현장에서 개혁주의와 전투를 벌이는 것이 어려운 과제라는 이들의 주장에는 합리적 측면도 있었는데 러시아 혁명가들은 이 점을 전혀 이해하지 못했다. 이 토론은 서로 의사소통하기가 어렵다는 인상을 강하게 남겼다. 언어가 다른 게 문제가 아니었다. 서유럽의 노동조합 투쟁 경험에서 교훈을 이끌어 내려는 시도에 귀 기울이는 사람이 아무도 없었다.

토론을 더 어렵게 만든 사람은 코민테른 의장 지노비예프였는데, 그는 철저하게 러시아의 경험을 토대로 상황을 바라봤다. 그래서 서유럽 노동조합운동의 현실을 완전히 잘못 이해했다. 지노비예프는 다음과 같이 썼다.

> 1913년 멘셰비키와 토론하면서 볼셰비키는 노동조합을 다음과 같이 정의했다. "노동조합은 산업의 한 분야(한 산업 전체가 아니라)에 종사하는 노동자들의 상시적 조합으로 노동자들의 경제투쟁을 이끌고 노동계급 정당과 꾸준히 협력하면서 임금 노예제 철폐를 통한 노동계급 해방과 사회주의 쟁취를 위해 투쟁한다."[7]

이런 지노비예프의 주장은 희망 사항과 실제 노동조합에 대한 평가가 뒤섞여 있어 모호한데 지노비예프는 노동조합이 "임금 유지와 인상을 목표"로 삼는다는 웨브 부부의 주장을 다음과 같이 비판하기도 했기 때문이다.

> 우리 당(볼셰비키)은 노동조합을 "일자리를 잃은 조합원을 지원하고 임금을 인상해 조합원의 이익을 보호하는 노동자의 조합"이라고

규정하는 것에 동의한 적이 없듯이 웨브 부부의 주장에도 결코 동의한 적이 없다.[8]

임금제도 철폐 투쟁에 나서야 '진정한' 노동조합이라고 규정하면, 이 '진정한' 노동조합과 악명 높은 개혁주의자가 이끄는 현실의 노동조합 사이에는 건널 수 없는 간극이 생긴다. 앞으로 대중투쟁이 발전하면 관료가 노동조합에서 쫓겨나거나 노동조합이 혁명 진영과 개혁주의 진영으로 분열할 것이다. 이것이 지노비예프가 반드시 일어날 것이라고 기대한 전망이었다.

프롤레타리아 혁명 과정에서 노동조합은 사회주의 정당이 그랬던 것처럼 분열할 것이다. … 러시아 정당[볼셰비키]이 정치 영역에서 주도력을 발휘했듯이 러시아 노동조합운동은 적색노동조합 인터내셔널을 건설하는 데 주도력을 발휘해야 한다.[9]

1920년에 지노비예프는 이런 생각을 토대로 활동했고 4월에 러시아 노동조합은 새로운 노동조합 인터내셔널을 건설하자고 호소했다. 이 새로운 노동조합 인터내셔널은 국제노동조합연맹과 경쟁하려는 것이었는데, 국제노동조합연맹은 개혁주의적 단체로 제1차세계대전으로 붕괴했다가 1919년에 재건되면서 암스테르담에 본부를 뒀다. 그래서 흔히 '암스테르담 인터내셔널'이라고 알려졌다. 러시아 노동조합은 다음과 같이 호소하며 새로운 노동조합 인터내셔널을 제안했다.

낡은 노동조합이 재건되고 있지만 얼마 못 가 잊혀질 것이다. 낡은 노동조합 관료는 통솔하는 병사가 없는 장군이 될 것이다. … 적색노동조합은 국제적 차원에서 단결해야 하고 코민테른의 일원(지부)이 돼야 한다.

우리는 노동조합에 가입한 전 세계 노동자에게 새로운 노동조합 인터내셔널에 함께하자고 제안한다. 프롤레타리아 정당에서 일어난 발전과 분열이 노동조합운동에도 임박했다. 가장 중요한 노동자 정당이 모두 제2인터내셔널을 탈퇴했듯이 참된 노동조합은 모두 암스테르담의 황색노동조합 인터내셔널과 결별해야 한다.[10]

공산주의가 빠르게 성장할 것이라던 예상은 빗나갔다. 적색노동조합 인터내셔널의 첫 과제는 각 나라에 있는 전국적 규모의 노동조합을 설득해 암스테르담 인터내셔널에 대한 지지를 철회하도록 하고 적색노동조합 인터내셔널에 가입시키는 것이었다. 그러나 서유럽의 노동조합들은 암스테르담 인터내셔널과 결속을 유지하며 거세게 저항했다.

적색노동조합 인터내셔널에 가입하려면 암스테르담 인터내셔널을 탈퇴해야 한다는 일반 원칙이 만들어졌다. 그러나 이런 일이 벌어지지 않자 원칙을 바꿨다. 주요 노동조합이 개혁주의적 인터내셔널에 변함없이 충성을 바치는 나라에서 활동하는 개별 노동조합 지부는 자신이 속한 노동조합[즉, 상급 단체]에서 탈퇴하지 않아도 적색노동조합 인터내셔널에 가입할 수 있도록 했다.[11]

머지않아 모든 상황이 혼란스러워졌다. 각국의 공산주의자들은 암스테르담 인터내셔널 소속의 노동조합에서 활동하라는 제안과 "암스테르담 인터내셔널과 모든 관계를 끊으라"는 주문을 동시에 받았다. 1920년 7월 적색노동조합 인터내셔널 창립 대회 결의문은 이런 모순을 선명히 드러냈다.

결의문은 "중립적 태도"를 비판했고 "혁명적 노동조합운동에 이런 구심을 건설하는 것은 전 세계 노동조합운동 안에서 '모스크바냐 암스테르담이냐'라는 구호 아래 격렬한 투쟁을 벌이려는 출발점" 이라고 선언했다. 그러나 대회 결의문은 '노동조합을 파괴하자'거나 '노동조합에서 탈퇴하자' 같은 구호를 다음과 같이 비판하기도 했다.

"이런 전술은 혁명가들이 노동조합에서 철수하자는 것이고, 노동 계급을 배신한 자들이 아무 도전도 받지 않고 압도 다수의 노동 대중에게 영향을 미치도록 방치하자는 것이다. 이런 전술은 반혁 명적 노동조합 관료의 손에 놀아나는 것이므로 분명하고 단호하게 거부돼야 한다."[12]

적색노동조합 인터내셔널의 느슨한 회원 규정 때문에 공산주의 지도자들은 조합원 수를 터무니없이 과장할 수 있었다. 이것은 현장 조합원과 노동조합 공식 기구를 혼동하고 노동조합 협의회가 채택한 결의안을 현장 조합원의 견해로 착각하는 기이한 계산법으로 이어졌다. 적색노동조합 인터내셔널은 창립 후 고작 15개월 만에 지지자 1600만 명을 모았다고 주장했다.[13] 이 수치는 가맹 노동조합과 언젠가 가입할 가능성이 있는 노동조합의 조합원 수를 그냥 합친 것이었다. 이런 계산법은 노동조합의 블록 투표제와 비슷한데, 노동조합 관료는 [조합원 수만큼 표를 할당받으므로] 그저 손 한 번 드는 것으로 엄청나게 많은 표를 행사한다. 당시 영국 공산당 지도자 J T 머피는 적색노동조합 인터내셔널이 조합원 수를 어떻게 계산했는지 다음과 같이 설명했다.

독일 동지는 독일의 노동조합들이 아직 암스테르담에서 탈퇴하지는 않았지만 독일 노동조합 안에는 적색 인터내셔널 지지자가 300만 명이 있다고 주장했다. 영국 동지는 지지자가 30만 명이라고 주장했다. … 이탈리아 동지는 250만 명의 조합원이 있는 이탈리아 노동조합연맹이 … 암스테르담 탈퇴를 가결할 가능성이 있다고 보고했다.[14]

그러나 적색노동조합 인터내셔널의 기반은 이보다 훨씬 취약했다. 러시아 노동조합원 650만 명이 단단한 구심을 형성했지만 그 밖의 나라에서 주장한 조합원 수는 검증된 것이 아니었다. 독일 공산당은 노동조합 대회를 통틀어 대의원 의석을 가장 많이 차지한 때가 1922년 6월에 열린 라이프치히 대회였는데, 이때 공산당 소속 대의원은 전체 대의원 가운데 8분의 1을 조금 넘었고 당시 독일의 조합원 수는 789만 5965명이었다.[15] 독일 공산당은 직장위원회 운동에 훨씬 큰 영향을 미쳤지만 적색노동조합 인터내셔널은 이런 현장 조합원 조직을 지지 기반으로 여기지 않았다.

이탈리아 노동조합연맹은 조합원이 220만 명을 넘은 적이 한 번도 없었고 적색노동조합 인터내셔널에 잠시 관심을 보였지만 실제로 가입하지는 않았다.[16] 머피가 보고한 영국의 지지자 30만 명은 사우스웨일스광원노조연맹SWMF인 듯한데 광원노조연맹도 적색노동조합 인터내셔널 가입을 고려하기는 했지만 실제 가입으로 이어지지는 않았다. 영국의 적색노동조합 인터내셔널 지지자 규모는 당시 영국 공산당 당원이 3000명 정도였다는 사실을 감안해 판단해야 한다.

얼마 후 인도네시아 노동자 3만 5000명이 적색노동조합 인터내셔널에 가입했고[17] 1925년 5월에는 100만 조합원을 거느린 중국 노동조합도 가입했다.[18] 인도네시아와 중국 같은 지역에서 적색노동조합 인터내셔널 지지가 늘어난 것은 선진 산업국과 후진국 노동조합(영국과 러시아 노동조합이 각각의 대표격이다)의 차이를 분명하게 보여 줬다. 급기야 1926년 2~3월에 열린 코민테른 집행위원회 확대회의에서 한 영국 노동조합 지도자가 "[현실을 인정해] 암스테르담에 본부를 둔 인터내셔널은 유럽을 조직하고 모스크바에 본부를 둔 인터내셔널은 아시아를 조직하는 식으로 분담하자"고 제안했고 지노비예프는 이 제안을 애써 무시해야 했다.*

그러나 이 제안은 [지노비예프에게] 불편한 현실을 반영한 것이었다. 즉, 아시아의 새로운 노동조합운동은 적색노동조합 인터내셔널을 확고하게 지지한다는 자랑이 여기저기서 들렸지만 유럽에서는 여전히 암스테르담 인터내셔널이 우세했던 것이다.[19]

적색노동조합 인터내셔널은 서유럽이 아닌 지역에서 크게 성장했다(프랑스는 예외였는데 노동조합 우파 지도자들이 [좌파적 활동가와 지부를 제명하는 등] 노동조합총연맹CGT을 분열시키려는 수작을 부렸기 때문에 좌파 지도자들은 독자적으로 통일노동조합총연맹CGTU을 건설해야 했다). 산업화 수준이 낮고 억압적 정권

---

*   지노비예프는 현실을 인정하지 않으려 했다. 영국 노동조합 지도자의 제안은 적색노동조합 인터내셔널의 실패를 드러내는 것이었기 때문이다.

이 통치하는 나라에서는 노동자의 경제적 이익을 방어하는 조직이 (서유럽에 비해) 공산당과 훨씬 더 긴밀히 동맹할 수밖에 없었고, 이런 나라의 노동조합은 적색노동조합 인터내셔널을 공식적으로 지지하기도 했다.*

적색노동조합 인터내셔널은 곧 해산할 것이라는 소문에 끊임없이 시달렸는데 이것은 적색노동조합 인터내셔널이 그 자신의 주장보다 훨씬 허약했음을 보여 준다. 1922년 2월 지노비예프는 "적색노동조합 인터내셔널을 파괴하려는 모든 세력에 맞서 강력하게 투쟁"해야 한다고 주장했다.[20] 로좁스키도 [1922년 11월에 열린] 코민테른 4차 대회에서 다음과 같이 보고했다. "집행위원회 확대회의는 [적색노동조합 인터내셔널을] 청산하자는 요구를 거부하기로 했다."[21]

그러나 석 달 뒤에도 머피는 당원들의 물음에 대응해야 했다. "다른 나라 공산당원들과 마찬가지로 영국 공산당의 상당수 당

---

* 1925년 적색노동조합 인터내셔널은 다음과 같이 주장했다. 러시아·중국·그리스·칠레·페르시아[지금의 이란]·이집트·자바 섬 노동조합연맹 전체가 적색노동조합 인터내셔널에 가입했다. 불가리아·에스토니아에서는 [기존 연맹에서] 분리한 노동조합연맹이 가입했고, 핀란드 노동조합은 적색노동조합 인터내셔널에 "정치적으로 동조"한다. 프랑스·체코슬로바키아·루마니아·유고슬라비아·일본·아르헨티나·호주에서는 "조직 노동자의 절반 이상"이 지지한다. 그 밖의 나라에는 소수 운동으로 존재한다(《더 워커》, 1925년 8월 15일자). ― 지은이.

원들도 적색노동조합 인터내셔널이 해산할 생각이 없는지, 전에도 그런 의도가 정말 없었는지 하는 의문을 마음속에 품고 있었다."[22] 적색노동조합 인터내셔널은 조만간 해산될 것이라는 소문을 거듭거듭 잠재워야 했다.

한참 뒤인 [1924년 7월에 열린] 코민테른 5차 대회에서 지노비예프는 적색노동조합 인터내셔널의 존폐 여부가 고민거리라는 중요한 고백을 했다(매우 비겁하게도 적색노동조합 인터내셔널의 오류와 완전한 실패를 공개적으로 인정하지는 않았다).

[적색노동조합 인터내셔널은 ─ 지은이] 정면공격으로 적진을 돌파해 노동조합을 빠르게 획득할 수 있을 듯한 상황에서 건설됐습니다. … 그때는 우리가 최단기간에 다수 노동자를 획득해야 한다고 생각한 시기였습니다. 동지들도 알다시피 그 후 운동이 후퇴했습니다. 최근 5년 동안 코민테른이 겪은 모든 문제와 전술적 어려움은 우리가 예상한 것보다 운동이 훨씬 느리게 성장했다는 사실에서 기인한 것입니다.[23]

적색노동조합 인터내셔널의 문제점은 그 개념이 단지 모호하다는 것이 아니라 근본적으로 잘못됐다는 것이다. 코민테른 2차 대회에서 적색노동조합 인터내셔널 건설의 사전 단계를 설명하면서 지노비예프는 [공산주의자의] 임무가 "암스테르담 인터내셔널을 분열"시키고 그곳에서 노동자들을 탈퇴시키는 것이라고 말했다.

이제 우리는 모든 노동조합에 다음과 같이 말할 수 있습니다. "암스테르담 인터내셔널에서 탈퇴하십시오. 이제 여러분 곁에는 적색노동조합 인터내셔널이 있습니다. 적색노동조합 인터내셔널에 가입하십시오."[24]

영국 대표 잭 태너는 노동조합에는 암스테르담 인터내셔널과 분리하라고 호소하면서 노동자들에게는 그 노동조합에서 활동하라고 촉구하는 것은 모순이라고 주장했다. 태너는 코민테른 2차 대회 총회에서 자신의 주장을 부연 설명하려고 했지만 [코민테른 의장인] 지노비예프는 태너에게 발언권을 주지 않았다.[25]

적색노동조합 인터내셔널이라는 기본 개념이 안고 있는 이런 모순 때문에 코민테른과 적색노동조합 인터내셔널의 일부 지도자들은 개혁주의적 노동조합을 분열시키자고 주장했다. 예를 들어, 라데크는 노동조합에 대한 토론을 시작하면서 다음과 같이 말했다.

우리는 관료를 몰아내기 위해 그리고 필요하다면 노동조합을 분열시키기 위해 노동조합에 들어갑니다. 우리는 노동조합을 투쟁 기구로 만들기 위해 노동조합에 들어갑니다. 우리는 노동조합을 투쟁 조직으로 바꾸려고 노력할 것입니다. 그러나 관료들이 예상보다 더 완강히 저항한다면 노동조합을 파괴하는 것도 서슴지 않을 것입니다. 가장 중요한 것은 형식이 아니라 노동자들의 조직력과 혁명적 운동을 건설하려는 의지이기 때문입니다.[26]

1920년 6월 2일 코민테른 집행부는 독일 공산주의노동자당KAPD 당원들에게 보낸 공개서한에서 다음과 같이 주장했다.

새로운 시대, 즉 우리 눈앞에서 첨예한 계급투쟁이 내전으로 바뀌는 시대에는 '자유'노동조합도 새로운 조직으로 바뀝니다. '자유'노동조합의 일부를 끌고 나와야 합니다. 나머지 노동조합은 스스로 우리에게 넘어올 것입니다. 노동조합이 통째로 넘어오든 아니면 다수파가 넘어오든 말입니다.[27]

자본주의가 지배하는 사회에서는 노동자들의 의식이 불균등하므로 노동자들은 지지하는 정치 노선에 따라, (개혁이냐 혁명이냐라는 선택이 조직적 형태를 띠는 경우에는) 정당에 따라 나뉠 수밖에 없다. 그러나 노동조합을 이 같은 방식으로 조직할 수는 없다. 코민테른은 [단위노조 수준에서] 적색노동조합으로 분리해 활동하라고 요구하지는 않았다. 이런 어리석은 정책은 스탈린주의 관료가 권력을 완전히 장악한 1920년대 말에 등장했고 그 결과 노동자들은 분열해 서로 반목하게 됐다. 사용자에 맞서 싸우는 집단적 조직에 재앙을 안긴 것이다. 반면 적색노동조합 인터내셔널은 노동조합을 통째로 가입시키려고 노력했다. 그러나 이런 정책도 정당과 대중조직(노동조합)의 차이를 무시한 것이었다.

적색노동조합 인터내셔널은 불가능한 것을 시도했기 때문에 실패할 수밖에 없었다. 혁명적 위기 상황에서야 가능한 일, 즉 공산주의 정치에 헌신하는 대중적 노동조합의 공식 기구를 혁명 전에 건설하려 한 것이다. 일단 설립된 이상 적색노동조합 인터내셔널이 추구할 수 있는 대안은 두 가지였다. 첫째는 당시 정세를 인정하고 적색노동조합 인터내셔널을 전투적 현장 조합원 조직으로 자리매김하면서, 선진적 사상을 수용하거나 투쟁에 참여하는 소수를 조직하려고 노력하는 것이었다. 둘째는 기존의 노동조합 기구처럼 활동하는 것이었다. 적색노동조합 인터내셔널은 첫째 대안을 거부했다. 그러나 둘째 대안이 성공하려면 조직 기반을 매우 광범위하게 넓히고 적색노동조합 인터내셔널의 정치 가운데 많은 부분을 버려야 했다. 혁명적이지 않은 다수 조합원에게 지지받아 당선해야 하니 말이다.

코민테른이 이런 혼란스러운 태도를 취한 것은 노동조합의 구실이 무엇이고 노동조합과 혁명적 정당이 어떻게 관계 맺어야 하는지를 오해했다는 증거였다. 코민테른은 노동조합과 혁명적 정당의 관계를 다음과 같이 설명했다.

> 공산당은 프롤레타리아의 전위다. … 노동조합은 프롤레타리아의
> 대중조직으로 … 같은 산업의 모든 노동자를 결속한다. 노동조합
> 은 헌신적 공산주의자뿐 아니라 정치에 무관심한 노동자와 정치적
> 으로 후진적인 노동자도 포함한다.

여기까지는 아무 문제가 없다. 그러나 앞의 설명에서 당과 노
동조합의 관계를 설명하는 부분으로 넘어갈 때는 엄청난 논리적
비약이 다시 등장한다.

> [당과 노동조합의 관계는] 어느 정도 중앙과 지방의 관계다. 노동계급이
> 권력을 장악하지 못한 시기에 진정한 혁명적 노동조합은 주로 경
> 제적 문제를 기반으로 노동자를 조직해 자본주의 안에서 쟁취할
> 수 있는 개혁을 위해 싸운다. 그러나 이 모든 활동의 주요 목표는
> 프롤레타리아 혁명으로 자본주의를 전복하기 위해 노동자 투쟁을
> 조직하는 것이어야 한다.

이 구절은 다음과 같이 이어진다.

> 혁명적 상황에서 진정한 혁명적 노동조합은 당과 긴밀하게 활동

한다. 노동조합은 대중을 조직해 자본주의의 근거지를 공격하고 사회주의적 생산의 기초를 다지는 일을 책임진다. 노동자 권력이 승리하고 안정되면 노동조합의 핵심 활동은 경제를 조직하는 것이다.[28]

이런 설명은 이상(혁명 당시 볼셰비키와 러시아 노동조합의 관계)과 현실(관료적·개혁주의적 지도부가 노동조합을 통제하는 상황)을 구별하지 않은 것이다. 그래서 현실의 노동조합을 있는 그대로 설명한 후 노동조합이 해야 하는 과제로 넘어간다. 현실의 노동조합을 어떻게 이상적 노동조합으로 전환할 수 있는지에 대한 한마디 설명도 없이 말이다. 더구나 당과 노동조합의 관계가 "어느 정도 중앙과 지방의 관계"라면 둘 사이에는 질적 차이가 없는 것이다. 이런 분석의 논리적 귀결은 노동조합을 분리하는 것이다. 코민테른에 속한 정당들도 개혁주의적 제2인터내셔널에서 분리해 나왔으니 말이다.

노동조합을 획득하라는 애초의 호소는 완전히 옳았다. 그러나 그것을 실현하는 방식이 심각한 판단 착오를 낳았다. 적색노동조합 인터내셔널의 전략은 단기간에 노동조합을 통째로 획득하거나 노동조합을 분열시켜 다수를 획득할 수 있다는 낙관에 기댄 것이었다. 이런 전략은 관료 기구에 일관되게 도전할 수 있는 현장 조합원 운동을 건설할 가능성을 차단했다. 라데크는 볼셰비키의 여러 지도자들보다 서유럽 운동을 폭넓게 경험한 덕분에 제1차세계대전 동안 확산된 현장 조합원 운동이 유용하다는 사실을 재빠르게 알아차렸고 현장 조합원 운동을 당장 잠재우자고 제안하지 않았다. 그러나 라데크는 현장 조합원 전략을 옹호하지도 않았는데, 다른 코민테른 지도자들과 마찬가지로 사태 흐름을 과대평가했기 때문이다.

기존의 노동조합과 별도로 새로운 조직을 건설해야 하는지, 그래야 한다면 두 조직의 관계는 어때야 하는지 물으면 우리는 다음과 같이 답변합니다. 노동조합 관료가 노동조합을 지배하는 한 새로운 조직을 건설해야 하고 이 새로운 조직은 노동조합 관료에 맞선 우리의 지지 기반이라고. 그러나 공산주의자가 운동의 지도자가 되면 두 조직은 하나로 합쳐질 것이고 공장위원회는 노동조합의 기구로 바뀔 것입니다.[29]

현장 조합원 운동 건설 정책을 거부한 것은 혁명적 위기 상황에서 노동조합 관료가 겪을 일에 대한 모종의 기대를 반영한 것이었다. 라데크는 다음과 같이 주장했다.

노동조합 지도부가 제시하는 전술은 계급투쟁을 패배로 이끄는 전술입니다. … [그러나 — 지은이] 노동계급의 전반적 상태를 보면, 노동계급의 실질임금과 생활수준을 점진적으로 높이겠다는 개혁주의적 전술은 한낱 기회주의적 환상일 뿐입니다. … 이런 상황에서 노동조합의 전술과 공산주의 운동의 목표는 자본주의 체제를 개선하는 데 머물 수 없고 자본주의를 타도하기 위해 의식적으로 노력하는 것이라는 게 분명해집니다.[30]

라데크가 교묘한 말재주로 '노동조합 전술'과 '공산주의 운동의 목표'를 나란히 쓰면서 둘이 똑같다고 암시한 것을 주목해야 한다.

이런 접근, 다시 말해 위기가 심각하므로 기존의 노동조합이 혁명적 기구로 바뀔 것이라는 생각의 배경에도 노동조합 관료의 독특한 구실과 관료의 탄탄한 기반에 대한 과소평가가 자리 잡고 있다. 라데크의 견해에 바탕이 된 기계적 논리를 다음과 같이 요약할 수 있다. '비혁명적 시기에 익숙해진 노동조합 지도자는 개혁주의적 전술을 제안할 것이다. 이런 전술은 더는 성공할 수 없다. 그러므로 기존 지도자들은 스스로 [혁명적으로] 변하거나 혁명가에게 자리를 내주게 될 것이다.' 라데크의 주장에는 관료들이 자신의 존재를 위협하는 혁명적 상황을 잠재우는 데서 핵심적 구실을 할 수 있다는 분석이 빠져 있다.

서유럽, 특히 노동조합이 수십 년 동안 존재하며 확고히 자리 잡은 영국에서는 십중팔구 사회주의 혁명이 승리한 후에야 노동조합 관료가 사라질 것이고, 혁명이 시작되자마자 관료가 혁명을 파괴하지 못하게 막으려면 특별한 조직 방식이 필요할 것이다. 그러나 코민테른은 이렇게 생각하지 않았다. 코민테른 2차 대회에서 알렉산드르 로좁스키(적색노동조합 인터내셔널을 거의 혼자 운영했다)는 혁명 전에 노동조합이 [혁명적으로] 바뀔 가능성이 있다고(심지어 반드시 그렇게 만들어야 한다고) 주장했다.

우리는 10월 혁명이 일어나기 전에 공장위원회를 바꿔 놓았습니다. … 이제는 사회혁명이 일어나기 전에 노동조합을 바꿀 것입니다. 노동조합은 다가올 혁명에 복무하는 기관이 돼야 하기 때문입니다.[31]

이런 주장을 비판한 사람은 영국과 미국 대표들뿐이었다. 예를 들어, 루이스 프라이나는 노동조합 관료가 혁명의 순간까지도 자신의 지위를 유지할 만큼 강력하며 독립적 현장 조합원 운동을 조직해 맞서지 않으면 관료가 운동을 마비시킬 수 있다고 주장했다. 그래서 프라이나는 코민테른의 노선이 잘못됐다고 비판했다.

우리의 강조점은 관료를 통제하는 방식이 아니라 노동자 대중이 관료의 통제에서 벗어나 독립적으로 싸울 수 있도록 하는 데 있어야 합니다. … 저는 노동조합에서 활동하는 것을 반대하는 것이 아니라 노동조합 관료를 통제하겠다는 생각을 반대하는 것입니다. 우리는 노동조합 안에서 관료에 맞서 싸워야 합니다. 노동조합 관료를 통제하거나 제거하는 것은 오직 혁명 과정이나 혁명 후에야 가능합니다.[32]

갤러처는 '노동조합을 획득하라'는 원칙적 구호가 [현실에서] 어려움을 낳는다는 타당한 문제 제기를 했다.

보수화된 관료가 통제하는 기존 노동조합을 획득하라는 것은 그야말로 터무니없고 우스운 주장입니다. … 우리는 25년 동안 영국의 노동조합에서 활동했지만 노동조합을 혁신하는 것조차 성공하지 못했습니다. 우리 동지들을 노동조합 지도부로 세우는 데는 성공했지만, 그 결과는 언제나 우리 동지들이 노동조합의 전술을 바꾸기는커녕 노동조합이 우리 동지들을 타락시키는 것으로 나타났습니다. 우리 동지들은 대형 노동조합의 지도부에 여러 차례 당선했지만 우리는 이런 활동이 혁명과 공산주의 운동에 아무 도움도 되지 않는다는 것을 확인했을 뿐입니다.[33]

안타깝게도 코민테른은 이런 주장을 간단히 무시했다.

코민테른은 서유럽 노동조합의 본질을 이해하지 못했다. 볼셰비키는 이 노동조합의 모순적 특성을 파악하지 못했다. 즉, 노동조합은 한편으로 노동자들의 집단적 조직이지만 다른 한편 자본주의가 노동자들을 종속시키면서 강요하는 한계(예컨대, 부문주의와 경제주의 등)를 반영한다. 그리고 이런 한계는 노동조합 관료에게 영향을 미친다. 개혁주의 지도자들이 [혁명적 격변에서 살아남아] 자신의 지위를 유지하고 있음이 분명해진 1921년에 코민테른 3차 대회는 "공산주의자와 공산주의자에 호의적인 사람들"을 "노동조합 세포"로 조직해야 한다고 주장했다. 그러나 이때조차 이 세포는 독립적 현장 조합원 운동을 건설하려는 것이 아니었다.

> [세포의 임무는] 노동조합을 혁신하고, 개혁주의의 영향력과 신뢰할 수 없는 개혁주의 지도부를 제거하고, 노동조합을 혁명적 프롤레타리아의 진정한 근거지로 만드는 것이다.[34]

이 노동조합 세포 덕분에 개혁주의 지도부를 더 조직적으로 공격할 수는 있었지만 노동조합 지도부 장악이 여전히 가장 중요한 목표였다. 적색노동조합 인터내셔널은 초기에 노동조합을 분리하려는 초좌파적 전술 때문에 타격을 입었는데, 이제는 이 초좌파적 전술이 좌파 노동조합 관료와 동맹하는 기회주의적 전술로 대체됐다.

이런 시도 역시 적색노동조합 인터내셔널이라는 기본 개념에서 비롯한 것이었는데, 그 이유는 적색노동조합 인터내셔널이 노동조합 관료의 구실을 정확히 이해하지 못했기 때문이다. 1920년 적색노동조합 인터내셔널 건설 과정에서 지노비예프는 다라고나와 로버트 윌리엄스 같은 자들과 협정을 맺었다. 다라고나는 이탈리아 노동조합연맹의 지도자이자 뻔뻔한 개혁주의자였다. 다라고나는 "노동계급의 의무는 노동조합의 조직력을 모두 국제 공산주의 프롤레타리아의 정치조직과 협력적으로 활동하는 혁명적 노동조합으로 결속하는 것"이라고 선언하고 "프롤레타리아 독재"를 호소하는 협정문에 아무렇지도 않게 서명했다.[35] 그러나 이자는 서명하기 바로 몇 주 전 관료 기구의 힘을 총동원해 토리노에서 벌어진 독립적 공장위원회 운동을 분쇄했다. 협정을 맺고 몇 달 뒤에도 강력한 '공장점거 운동'을 분쇄하려고 똑같은 짓을 했다. 협정문에 서명한 또 다른 사람인 로버트 윌리엄스는 영국 운수노조의 지도자였는데 얼마 후 광원 투쟁을 파괴하는 배신행위를 저질러 '암담한 금요일'을 만들어 냈다. 지노비예프와 이 관료들의 논의를 기록한 소책자를 보면 노동조합 지도자가 이런 배신행위를 할 수 있다고 암시하는 경고가 전혀 없다. 얼토당토않게도 그 소책자의 제목은 《제1차 영국·이탈리아·러시아 혁명적 노동조합 대표자 협의회 회의록》이었다.[36]

지노비예프는 이런 자들과 협력하는 것 때문에 비판받았다. 그러나 지노비예프가 스스로를 방어하면서 한 말을 보면, 자신이 상대한 '지도자'들이 어떤 자들인지 거의 이해하지 못했음을 알 수 있다.

제가 로버트 윌리엄스와 … 협력하면 안 될까요? 물론 안 됩니다. 그러나 윌리엄스는 삼각동맹의 선두에 서 있습니다. 그런데 직장위원회 운동을 펼치는 동지들은 왜 수백만 명에 달하는 이 엄청난 노동조합의 선두에 서지 않는 겁니까? 이것은 이 동지들이 종파적이고 비혁명적임을 보여주는 것입니다.[37]

지노비예프의 오류는 개혁주의적 노동조합 지도부와 협정을 맺은 것이 아니었다. 그가 범한 오류는 적색노동조합 인터내셔널이 맺은 협정이 행동을 위한 것이 아니라 그저 문구일 뿐이라는 것이었다. 이 문구 덕분에 관료들은 좌파적 평판을 거저 누리게 됐고 노동자 투쟁을 더 효과적으로 파괴할 수 있었다. 행동을 위한 협정(즉, 공동전선)을 맺었다면 결과가 완전히 달랐을 것이다. 현장 조합원의 행동과 자기교육을 통해 진정한 발전을 고무했을 것이기 때문이다.

던컨 핼러스는 공동전선의 본질을 다음과 같이 설명한다.

공동전선 전술은 소수 노동계급만 혁명가들을 지지하는 비혁명적 상황이 존재한다는 가정에서 출발한다. 이런 상황은 기본적으로 많은 노동자(다수가 개혁주의 조직을 지지할 것이다)가 투쟁에 참여해 계급투쟁 수준이 상승해야만 바뀔 수 있다. 공동전선은 개혁주의를 지지하는 노동자를 설득해 혁명적 조직을 지지하도록 만들려는 전술인데, 상황이 유리하면 실제로 그럴 수 있다. 공동전선은 혁명적 조직과 개혁주의 조직의 공동 선전 기구가 아니라 모종의 **행동**을 위한 제한된 협정이다.[38]

1921년에 공동전선은 코민테른 전략의 중요한 일부였고 흔히 적색노동조합 인터내셔널도 이를 수용했을 것이라고 생각한다. 그러나 적색노동조합 인터내셔널의 분석은 매우 혼란스러웠기 때문에 공동전선 전술을 현실에 성공적으로 적용하는 것이 불가능했다. 게다가 적색노동조합 인터내셔널은 (지지자 수를 과장해 주장하기도 했지만) 처참하게 실패했다. 로좁스키와 지노비예프는 적색노동조합 인터내셔널이라는 부담에서 벗어나기로 결정했다.

1922년 11월 로좁스키는 적색노동조합 인터내셔널이 공동전선을 실현하기 위해 암스테르담 인터내셔널과의 분열 상태를 끝내고 연합할 준비가 돼 있다고 보고했다.

어떻게 연합에 도달할 수 있는가? 적색노동조합 인터내셔널은 모든 결의문에서 연합에 필요하다면 무엇이든 양보할 준비가 됐다고 밝혔습니다. 그러나 최소한의 것이 보상되지 않으면 연합이 이뤄질 수 없다는 것은 분명합니다. … 우리는 개혁주의자와 혁명가가 모두 선전의 자유를 누린다는 조건이 충족되면 언제라도 연합할 것입니다.[39]

로좁스키의 제안은 진정한 공동전선과 아무 관련이 없었다. 공동전선 전술의 핵심은 혁명가가 영향을 미치고자 하는 개혁주의자와 연합하는 것이 아니라 혁명가와 개혁주의자가 함께 투쟁하는 것이다. 적색노동조합 인터내셔널이 아무 전제 조건도 없이 연합 총회를 하자고 제안한 것은 개혁주의자에게 공동 행동의 의무를 하나도 지우지 않은 채 [적색노동조합 인터내셔널만] "무엇이든 양보"한 것이다.

불행하게도 적색노동조합 인터내셔널은 1922년 이런 전환을 하면서 자신이 과거에 저지른 오류를 인정하지 않았다. [그래서] 노동조합 공식 기구 차원에서 노동조합 인터내셔널을 건설하려고 시도하기보다 현장 조합원 운동을 고무했어야 한다는 결론으로 나아가지 못했다. 존재 자체가 모순이었던 적색노동조합 인터내셔널은 이 문제의 해결책을 모색하면서 완전히 엉뚱한 방향, 즉 암스테르담 인터내셔널을 주도한 관료들과 연합하는 방향으로 나아갔다. 이 목표를 달성하기 위해 서유럽 혁명가들에게 자국의 좌파 노동조합 관료들을 획득하라고 강력히 촉구했다.

적색노동조합 인터내셔널 창립은 코민테른의 혼란스러운 노동조합 정책을 상징적으로 보여 줬다. 적색노동조합 인터내셔널은 처음에는 노동조합 활동에 대한 초좌파적 태도를 부추겼고 나중에는 좌파적으로 말하는 노동조합 관료와 타협하도록 만들었다.

[이 책의 지은이 가운데 하나인] 토니 클리프는 다른 책에서 다음과 같이 썼다.

코민테른 [1·2차] 대회는 전략·전술의 학교였다. 그 학교가 얼마나 효과적인지는 교사의 자질뿐 아니라 학생의 출신 배경, 준비 정도, 자질에도 달려 있었다.[40]

적색노동조합 인터내셔널을 사례로 보자면 교사는 그다지 훌륭하지 않았고(레닌과 트로츠키는 다른 활동 때문에 과부하가 걸려 적색노동조합 인터내셔널에 전혀 개입하지 못했다) 교사의 약점이 학생의 약점을 더 악화시켰다.

초창기 코민테른이 범한 실수는 익숙하지 않은 분야에서 새로운 전술을 모색하면서 생긴 실수였다. 그러나 1923년을 전후로 질적 변화가 일어났다. 코민테른이 타락하고 좌파 노동조합 관료와 동맹을 추구한 것은 러시아 혁명이 고립된 결과였다. 러시아 혁명이 고립되자 국가 관료들이 부상했는데, 이들은 국제 노동계급의 이익보다 자신의 이익을 우선시했다. 국가 관료는 코민테른 4차 대회까지는 그다지 강력하지 않았다. 4차 대회까지 코민테른 대회는 마르크스주의를 논의하고 발전시키는 진정한 토론의 장이었다. 1923년 레닌의 건강이 악화한 후 스탈린주의 관료 체제가 이런 발전을 가로막았다. 그래서 [토론과 논쟁을 통해] 잘못된 전략과 전술을 교정하던 전통이 없어지면서 코민테른의 노동조합 전략을 교정하고 발전시킬 기회가 사라졌다.

이런 결과가 필연은 아니었다. 이 점은 트로츠키의 저작을 보면 분명히 알 수 있다. 트로츠키는 코민테른의 지도적 위치에서 쫓겨났지만 1926년의 배신으로 이어지는 영국 등지의 노동조합 관료주의를 명료하고 날카롭게 분석했다. 이 분석은 뒤에서 살펴볼 것이다.*

1926년에는 아직 코민테른이 러시아 국가정책의 직접적 도구로 전락하지 않았고 영국 공산당도 모스크바를 맹목적으로 추종하지 않았다. 그런데도 코민테른이 좌파 노동조합 관료에게 구애하는 방향으로 선회하면서 영국 노동운동이 기존에 안고 있던 약점은 더 커졌다.

---

* 머리말 각주에서 밝혔듯이 이 책은 원서의 1부만 번역한 것인데, 여기서 언급한 트로츠키의 분석은 2부에 실려 있다.

05

영국의 사회주의자와 산업 투쟁

영국 최초의 마르크스주의 단체는 민주주의연맹이었다. 민주주의연맹은 1880년에 설립됐고 1884년에 사회민주연맹SDF으로 이름을 바꿨다. 이 단체는 매우 종파적이었다. 이 단체의 지도자 하인드먼은 선전과 교육을 통해 다수 노동자가 사회주의를 지지하도록 만들면 사회주의에 이를 수 있다고 생각했다. 사회주의로 나아가지 않는 운동은 모두 진정한 방향으로 전진하는 데 방해가 되므로 비판의 대상이 됐다. 그래서 하인드먼은 모든 노동조합 활동을 무시하거나 완전히 거부했다.

사회민주연맹이 발간한 신문 〈저스티스〉(정의)는 1889년의 항만 노동자 대파업을 "[사회주의] 깃발을 내리고, 적극적 선전을 포

기하고, 쓸데없이 에너지를 낭비한 일"로 묘사했다.[1]

하인드먼은 1903년 4월에 다음과 같이 썼다. "우리는 모든 파업에 반대한다. 파업은 결코 강력한 무기가 아니고 이제는 완전히 시대에 뒤떨어졌다." 1907년 철도 파업 직전에는 다음과 같이 썼다. "우리 사회민주당과 〈저스티스〉는 파업에 원칙적으로 반대한다. … 정치적 행동이 훨씬 더 안전하고 훨씬 더 낫고 비용도 훨씬 덜 든다." 심지어 그때까지 노동계급 투쟁이 가장 크게 분출한 해였던 1912년에도 하인드먼은 다음과 같이 되풀이했다. "파업보다 더 어리석고 더 해롭고 (가장 넓은 의미에서) 더 비非사회적인 일을 상상이나 할 수 있을까? … 나는 결코 파업을 옹호한 적이 없다. … 나는 파업이 성공하는 것을 … 한 번도 못 봤다."

사회민주연맹 지도자들은 진정한 사회주의를 내세우며, 노동자들의 산업 투쟁을 비웃었다. 그러나 일단 파업이 시작되면 당은 원칙적으로 파업을 지지했다. 그러면서 흔히 자본주의 체제가 지속되는 한은 실질적 성과를 거둘 수 없다고 노동자들에게 설교를 늘어놨다.[2]

그렇다고 해서 사회민주연맹 회원 가운데 지도적 현장 활동가가 없었던 것은 아니다. 그러나 사회민주연맹은 사회주의라는 최종 목표와 노동조합 활동 사이에 만리장성을 세워 놓았기 때문에 현실의 노동자 투쟁과 완전히 분리돼 있었다. 사회민주연맹은 [노동운동에서] 조직적 영향력이 미미할 수 밖에 없었다. 사회민주연맹의 한 회원은 다음과 같이 지적했다.

현실에 적용할 사상은 있지만 실천할 기회를 잃은 조직은 모두 조만간 한낱 종파로 전락하기 쉽다. … 결국 자신이 영향을 미칠 수 없는 세계에서 철수하게 된다.[3]

영국 마르크스주의의 '교육을 통한 사회주의' 전략에 좌절한 어느 활동가의 다음과 같은 탄식은 누구나 공감할 수밖에 없다.

영국은 무엇이 잘못됐을까? 이곳에서 우리는 20~30년 동안 사회주의를 설파해 이제 모든 사람이 사회주의를 지지하거나 우호적으로 생각한다. … 길거리에서 만나는 누구라도 사회주의가 막다른 골목에 있는 자신을 구할 유일한 대안이라고 서슴없이 인정한다. 세계가 파멸하지 않는 한 사회주의가 반드시 도래할 것이라는 점에도 동의한다. 그런데도 사람들은 [사회주의 운동에] 동참하지 않는다.[4]

그래서 제1차세계대전 전의 주요 마르크스주의 경향은 의도치 않게 개혁주의라는, 자신이 도전해 극복하려 한 바로 그 병에 걸렸다. 개혁주의자들은 항상 당면 쟁점(예를 들어, 임금 인상이나 선거 승리)과 최종 목표(생산수단의 사회적 소유)를 분리하고 최종 목표를 향한 행동을 기약할 수 없는 머나먼 미래로 미룬다. 사회민주연맹은 개혁주의 공식을 정반대로 뒤집어 현실의 투쟁, 특히 노동조합운동에 개입하는 것을 거부했다. 이런 접근 방식은 고전 마르크스주의 관점, 즉 노동조합 활동과 정치적 대중투쟁이 연결된다는 관점을 거부한 것이다. 또 레닌주의적 개념, 즉 명확한 혁명적 정당이 모든 일상 투쟁에 개입해서 정치와 경제를 연결하려고 의식적으로 투쟁해야 한다는 주장과도 공통점이 전혀 없었다.

1908년 사회민주연맹은 사회민주당으로 전환했다. 1911년에는 소규모 단체들과 통합해서 영국 사회당을 건설했다. 사회당은 1913년에 명목상 당원이 1만 1300명이었지만 여전히 무능력했다. 사회당은 사회민주연맹의 전철을 밟아 줄곧 작업장보다는 거리의 정치에 집중했다.

사회민주연맹은 노동자 투쟁을 무시하려 했지만 노동자 투쟁은 이에 아랑곳하지 않고 분출했다. 1910~14년의 '노동자 대투쟁' 기간에 노동자 수백만 명이 파업에 나섰다. 이 투쟁의 배경에는 20세기로 들어설 때부터 축적된 다양한 요소가 섞여 있었다. 경제성장으로 실업이 감소했지만 인플레이션 때문에 실질임금이 삭감됐고 노동당의 실천과 노동조합 지도부의 양보 정책에 대한 실망이 커졌다. 노동자 대투쟁 시기에 파업이 급증하면서 연간 파업 일수가 1000만 일이 넘고 조합원 수도 두 배로 늘었지만 종파주의자들은 꿈쩍도 하지 않았다. 1911년 영국 사회당 창립 당대회는 대다수 대의원의 생각이 무엇인지를 분명히 보여 줬다.

당대회에서 대의원들의 관심사는 주로 정치 영역에서 활동할 정당을 건설하는 것이었다. … 사회당은 노동조합 활동에 기반한 당이 아니었다. [사회당이 노동조합 활동에 관여하는 것은 ― 지은이] 자신과 무관한 영역에 생뚱맞게 간섭하는 격이었다. [사회당이 보기에] 산업 영역은 이미 충분했다.[5]

사회당은 노동조합운동 전체가 무의미하다며 거부했기 때문에 노동조합 관료를 전혀 비판하지 않았다. 한 연설자는 다음과 같이 주장했다.

저는 노동조합 집행부로 활동하고 있지만 노동조합 투쟁으로 사회주의에 도달할 가능성은 없다고 확신합니다. 사회당은 노동조합이 쟁취하려고 애쓰는 사소한 개혁을 얻고자 건설한 정당이 아닙니다.[6]

사회당은 1920년에 공산당을 창립할 때 다수를 차지했다. 그러나 사회당원들은 노동조합운동을 사실상 이해하지 못했고 노동자들의 자주적 행동이 사회주의를 위한 투쟁과 아무 상관이 없다고 생각했다. 이런 태도는 심각한 결과를 낳을 수밖에 없었다.

공식 '마르크스주의자들'은 노동자 대투쟁을 무시했지만 그 한복판에서 노동자들과 함께 투쟁한 활력적인 혁명적 경향도 있었다. 이 경향은 신디컬리즘이라고 불렸다. 신디컬리즘은 정치교육과 국가 장악을 통해 사회가 변한다는 생각(이른바 국가사회주의)을 거부하고 당면한 계급투쟁을 가장 중요하게 여겼다. 신디컬리즘은 진정한 노동자 투쟁을 대변했는데, 지역마다 산업마다 투쟁이 제각각이었으므로 [이를 반영한] 신디컬리즘도 다양한 형태를 띠었다.

1914년 전에 가장 중요한 신디컬리즘 경향은 톰 만이 이끌었다. 톰 만은 국가사회주의에 대한 지지를 철회하고 1910년에 '산업 신디컬리스트 교육 동맹ISEL'을 창립했다. 톰 만의 견해는 확고했다.

이제는 직업이나 업종이 아니라 계급에 기반해 모든 노동자를 포괄하는 산업별 조직을 건설할 때다. … 각 산업에 있는 기존 노동조합을 모두 통합해 탄탄한 하나의 조직으로 만들고, 숙련·미숙련 노동자를 구분하지 말고 각 산업에 종사하는 노동자는 모두 같은 조직에 가입하도록 하자.[7]

톰 만 등 지도적 신디컬리스트는 스스로 혁명적 사회주의자라고 생각했다. 이들은 산업별 노동조합을 만드는 수준으로 노동조합운동이 발전하면 그 운동의 목표는 다음과 같아야 한다고 생각했다.

혁명을 목표로 삼아야 한다. 왜냐하면 이 운동의 목표는 임금제도를 철폐하고 노동자가 노동의 성과를 온전히 누리게 해서 사회체제를 자본주의에서 사회주의로 바꾸기 위해 투쟁하는 것이기 때문이다.[8]

그러나 노동조합이 조직 형태를 바꿔 한 산업에 종사하는 노동자를 모두 포함하더라도 부문주의로 빠져드는 경향은 여전히 남는다(부문의 규모가 더 크기는 하지만 말이다). 신디컬리스트는 계급 정치와 국가 문제를 점점 더 부차적으로 여기기 시작했다. 예를 들어, 1910년에 톰 만은 자신이 반反정치적이라는 것을 부정했지만 이듬해인 1911년에는 그 사실을 자랑스럽게 여겼다. 정치에 대한 교육 동맹의 태도는 다음과 같은 [창립 대회] 연설에서 잘 나타난다.

종교와 마찬가지로 정치는 개인의 문제입니다. 노동자는 다른 노동자가 자유당원인지 보수당원인지 아무 관심이 없습니다. 노동자는

노동계급의 단결을 이해하기만 하면 됩니다.[9]

신디컬리스트들은 보수당원인 노동자는 아무 반감 없이 노동계급의 단결을 받아들이기가 어려울 수 있음을 이해하지 못했다. 노동조합 문제와 관련해 교육 동맹은 기존 노동조합이 오랜 타협과 관료적 지배 때문에 늪에 빠졌다고 확신했다. 신디컬리스트들은 주로 직업별 노동조합의 부문주의와 이런 부문주의 때문에 행동 통일이 가로막힐 수 있음을 정면으로 비판했다. 그러나 노동조합운동이 왜 이런 상황에 처했는지, 노동조합 관료의 구실이 무엇인지를 근원적으로 분석하지는 못했다. 이에 대해 교육 동맹이 그나마 분석에 가깝게 제시한 것은 톰 만의 다음과 같은 주장이었다.

노동조합은 부분적으로만 계급의식적인 사람들의 노력으로 생겨났고 오늘날에도 부분적으로만 계급의식적인 사람들로 구성돼 있다. 그러나 노동조합은 노동자들의 진정한 대변자이고 노동자들은 정확히 자신이 원하는 대로 노동조합을 바꿀 수 있다. … 그리고 나는 모든 조직의 변화를 지지한다. … 우리는 기존의 낡은 노동조합과 관련 맺지 않겠다고 선언해서는 안 된다.[10]

제1차세계대전 전에 신디컬리즘의 또 다른 주요 경향은 사회주의노동당^{SLP}이었다. 사회주의노동당은 1903년 사회민주연맹에서 분리해 나와 건설됐는데, 사회민주연맹과 마찬가지로 종파주의가 매우 강했다. 심지어 사회주의노동당은 사회민주연맹보다 더 강경하게 개혁을 위한 투쟁에 개입하기를 거부했다.

영국 노동계급의 바람이 관철되려면 노동조합운동이 쇠퇴해 몰락하고 노동당과 개혁주의적 사회주의가 파산해야 한다. 또 산업별 노동조합운동이 탄생해 성장하고 혁명적 사회주의 정당이 발전해야 한다.[11]

사회주의노동당은 미국 사회주의자 대니얼 디 리언의 노선을 따랐다. 실리주의를 추구하는 미국의 노동조합운동을 가까이서 지켜본 디 리언은 노동조합 관료를 "자본의 노동 담당 비서"라고 불렀다. 사회주의노동당은 자신에게 사실상 이중의 임무가 있다고 봤다. 정당은 국가의 공격 능력을 파괴하기 위한 것이었다. 그러나 가장 중요한 임무는 사장들이 쥐고 있는 생산수단 통제권을 빼앗아 사회주의를 건설하는 것인데 이 임무는 산업별 노동조합의 몫이었다. 사회주의노동당은 기존 노동조합을 개조해 이런 임무를 수행할 수는 없다고 판단했기 때문에 사회주의노동당 당원들은 대체로 기존 노동조합에서 활동하면서도 그것을 대체할 완전히 새로운 혁명적 노동조합을 건설하려 했다. 사회주의노동당은 이런 산업별 노동조합을 건설하려고 여러 차례 시도 했지만 강력하고 잘 조직된 기존 노동조합에 부딪혀 번번이 참패했다.

사회주의노동당은 노동조합 내부의 부문주의와 관료주의 문제를 분명하게 인식했다. 사회주의노동당은 부패하지 않은 별개의 노동조합을 만들어 이 문제를 해결하려 했다. 그러나 노동계급의 가장 선진적인 부문이 기존 노동조합의 수많은 오류를 경험하고도 여전히 그 안에 머물러 있는 영국에서 이런 전략은 종파적이고 가망 없는 것이었다. 그러다 제1차세계대전을 거치며 사회주의노동당 당원 상당수가 견해를 바꿔 대중투쟁을 이끌었고 그 결과 1920년에 이 작은 조직이 최상의 노동계급 지도자들을 끌어들이며 영국 공산당을 창설했다.

1914년 이전 영국의 상황을 요약하면 공식 마르크스주의자는 노동조합 활동에 기권했다. 사회당은 노동조합 관료의 협소한 부문주의적 노동조합 투쟁 개념을 받아들여서 관료의 노동조합 지배를 묵인했다. 다른 한편, 주요 신디컬리즘 경향은 더 크고 탄탄한 노동조합을 만들자고 제안하거나 새로운 혁명적 노동조합을 호소했다. 당시 상황에서 혁명적 노동조합 건설 시도는 실패로 끝날 것이 분명했는데도 말이다.

영국의 혁명운동은 개혁주의의 폐해로 고통받았다. 혁명가들은 헌신적이고 용감했으며 수많은 신디컬리스트는 일상 투쟁을 이끄는 데 탁월한 능력을 보였지만 정치적 무능력 때문에 제구실을 하지 못했다. 공식 마르크스주의자들도 진정한 노동운동이 벌어지자 무능하기는 마찬가지였다.

그러나 전쟁이라는 위기가 닥치자 완전히 새로운 상황이 펼쳐져 혁명운동은 전례 없는 부활과 성장의 기회를 맞게 된다.

06

두 종류의 현장 조합원 운동

제1차세계대전이 한창일 때 전통적으로 노동귀족의 상징이라고 여겨지던 금속 노동자들이 전투적 현장 조합원 운동을 벌였다. 이것은 '금속 노동자의 전쟁'이었고 금속 노동자들은 [전시에] 군수품을 생산했기 때문에 실질적 협상력이 있었다.

금속노조의 관료들이 전쟁이 벌어지기 전과 달리 노동자들의 전투성을 억누르지 못한 데는 한 가지 이유가 있었다. 영국 자본주의는 전례가 없을 정도로 엄청난 양의 군수품을 생산하려고 생산에 관한 규제를 모두 풀고 새로운 기계와 작업 방식을 도입했다. 가장 큰 변화는 과거에는 숙련 노동자만 하던 작업에 미숙련 청년과 여성을 고용한 것이었다. 노동자들은 이 마지막 변화를 '노동 희석'이라고 불렀다. 이런 추세에 맞서 효과적으로 투쟁하려면 노동조합 지도부는 대중 파업을 호소하고 사실상 '전장의 병사들에게' 무기가 공급되지 않게 해야 했다. 그러나 노동조합 지도부는 이런 방식을 고려하지 않았다.

금속노조의 관료들은 투쟁할지 말지를 선택할 수 있었다. 그렇지만 현장의 노동자는 그럴 수 없었다. 관료들이 파업이라는 무기를 사용하기 꺼리며 사용자들에게 싸울 의사가 없다는 신호를 보내자 사용자들은 금속 노동자들이 자본주의 사회에서 조금이라도 더 나은 삶을 살려고 공들여 만든 모든 관례와 관행을 마음 놓고 공격했다. 금속 노동자는 분명히 다른 부문 노동자보다 높은 임금을 받고 나은 노동조건에서 일했다는 점에서 '노동귀족'이었다. 그러나 이제 투쟁에 나서야 했고 노동계급 투쟁을 이끌어야 했다.

노동조합 관료들은 조합원들을 내팽개쳤다. 조합원들은 비공인 운동을 조직하는 수밖에 없었다. 직장위원을 기반으로 조직된 이 운동은 신디컬리즘보다 훨씬 더 근본적으로 전통적 노동조합운동에 도전했다. 독립적 직장위원회 조직은 1915년 2월 클라이드사이드 직장위원들이 비공인 파업을 조직하면서 첫발을

---

* 숙련 노동에 미숙련 노동자를 투입해 노동조건이나 임금 등을 저하시키는 것이다.

내디뎠는데, 시간당 2펜스 임금 인상을 요구한 이 파업에 금속 노동자 1만 명이 참가했다. 이 파업을 지도한 활동가들이 클라이드노동자위원회를 구성했고 이 위원회는 1915년 크리스마스에 노동 희석의 실시 조건을 둘러싸고 정부와 전투를 벌였다. 정부는 반격에 나서 클라이드노동자위원회를 해산시키고 지도자들을 체포해 전국 각지로 추방했다. 이듬해 셰필드에서도 노동자위원회가 건설됐고 1917년에는 전국 조직이 건설돼 노동자 20만 명을 지도하며 비공인 파업을 벌일 수 있었다. 독립적 직장위원회는 전국 협의회를 열 수 있을 만큼 여러 주요 도시에 존재했고 각 도시의 활동을 연결하는 전국행정위원회도 설립됐다.

신디컬리즘은 전투적 열정이 매우 높았지만 노동조합의 틀 안에 머물렀다. 직장위원회 운동은 이보다 더 많은 것을 대변했다. 직장위원회는 작업장에서 현장 조합원이 직접 선출한 대표자들로 구성된 대의기관이었다. 직장위원들은 소속 노동조합이 어디인지 사용자가 누구인지 개의치 않고 그 지역에 있는 모든 금속 노동자의 이해를 대변하려고 머리를 맞댔다. 당시 사용자들은 직장위원에게 사무실 등의 편의를 전혀 제공하지 않고 활동 시간을 보장하기는커녕 블랙리스트에 올리겠다고 협박했다. 그러나 이 대표자들은 현장 조합원의 진정한 목소리를 대변했다. 직장위원들은 자신을 뽑아 준 조합원들과 나란히 노동했고 조합원들이 느끼는 압력도 고스란히 함께 경험했다. 노동조합 관료와 달리 조합원의 요구를 대변하지 않으면 소환될 수 있었고 활동비를 추가로 받지도 않았다.

직장위원회 운동의 기반은 현장 조합원들이었다. 조직 노동자만이 집단적 힘의 근원이었기 때문이다. 직장위원은 노동조합 기구의 최하급 간부이기도 했으므로 조합비를 걷는 업무도 계속했다. 그러나 직장위원들이 '노동자위원회'를 구성한 것은 그저 노동조합 기구에 활력을 불어넣으려는 것만은 아니었다. 노동자위원회는 아래로부터 노동조합 관료를 통제하려는 시도도 아니었고 기존 노동조합에 반대해 순수한 혁명적 노동조합을 건설하려는 시도도 아니었다. 노동조합 관료에 대한 직장위원회 운동의 태도는 놀라울 만큼 간단했고 클라이드노동자위원회가 발행한 첫 유인물에 잘 정리돼 있다(앞에서 인용한 바 있다).

우리는 지도부가 노동자들을 올바로 대변하는 한 지도부를 지지할 것이다. 그러나 그러지 않으면 곧바로 독자적 행동에 나설 것이다. 모든 작업장에서 파견한 대표자로 구성되고 낡은 규약과 규칙에 제약받지 않는 우리는 노동자들의 진정한 정서를 대변한다. 우리는 사안의 중요도와 현장 조합원들의 열망에 따라 즉각 행동에 나설 수 있다.[1]

"곧바로 독자적 행동"을 하겠다는 주장은 허세가 아니었다. 클라이드사이드에서 매주 일요일에 모이는 직장위원이 200~300명이었는데, 이들은 금속 노동자 수천 명의 집단적 힘을 단결시켰다. 클라이드노동자위원회는 1915년 2월 파업에서 그 영향력을 보여 준 바 있고 그 후 부당한 처우에 맞서 벌어진 여러 투쟁에서도 그 힘을 보여 줬다.

영국에서 가장 강력한 직장위원회였던 셰필드노동자위원회도 영향력이 있었다. 셰필드노동자위원회는 1916년 11월에 레너드 하그리브스라는 젊은 금속 노동자를 방어하는 비공인 행동을 조직했다. 당시 금속 노동자는 병역에서 면제된다는 조항이 있었는데도 하그리브스는 징집당했다. 셰필드 직장위원들은 정부에 하그리브스의 귀환 날짜를 못 박은 최후통첩을 보냈다. 당시 지도적 셰필드 직장위원이던 머피는 그 경험을 다음과 같이 말했다.

이 중요한 날, 적어도 200명의 직장위원이 4시가 되기를 기다리고 있었다. 건물 바깥에는 오토바이를 탄 한 무리의 직장위원들이 [파업이 선포되면 재빨리] 금속 작업장 중심 지구로 달려가 전달하려고 대기하고 있었다. … 4시가 됐다. 정부는 응답하지 않았다. 파업이 선포됐다. … 5시에는 모든 작업장에서 파업이 벌어지고 있었다. 숙련 노동자 1만 명이 작업장을 이탈했다. 그제서야 정부는 전보를 주고받으며 바삐 움직였다. … 파업 사흘째 되던 날 정부는 항복했다.[2]

제1차세계대전이 한창일 때 이런 파업 행동을 조직한 투사들은 사회주의자였고 그 가운데 다수는 혁명가였다. 오직 혁명가들만이 대담하게 무기 공급에 차질을 줄 수도 있는 행동을 지도할 수 있었다. 혁명가들은 전쟁이 벌어지기 전부터 정부·경찰·법원과 노동당·노동조합 지도부의 정치·경제적 협공에 맞설 수 있도록 현장 조합원의 주도적 행동이라는 전통을 세웠다.

국가와 민간 자본이 협력하고 있었기 때문에 노동자들이 산업 현장에서 겪는 변화와 나라 안팎에서 자본주의가 추구하는 정치적 목표가 연결돼 있음을 수많은 노동자에게 증명할 수 있었다. 혁명적 정당은 경제적 불만을 활용해 사용자와 국가에 맞선 정치적 도전으로 발전시킬 기회를 맞이했다. 동시에 노동조합 지도자들이 노골적으로 사용자를 편들었기 때문에 현장 조합원에게 자신의 집단적 힘과 독립적 조직에 의지해야 한다고 주장해서 노동조합 관료들이 만들어 낸 장애물을 무너뜨릴 절호의 기회이기도 했다.

독일에서 드러난 것처럼 이런 가능성은 모두 전시라는 상황에 잠재해 있었다. 독일에서는 혁명적 정당이 점차 분명한 세력으로 발전했고 1920년대에는 대중적 공산당으로 성장했다. 그와 동시에 베를린의 금속 노동자 직장위원 조직은 노동계급을 단결시키고 개혁주의 관료들의 영향력을 무너뜨리고 국가권력에 직접 도전하는 등 노동자평의회 운동의 새로운 본보기가 됐다.

영국의 혁명가들이 당시의 잠재력을 완전히 실현하려면 자신의 과제를 분명히 인식해야 했다. 그러나 앞에서 살펴봤듯이 경제와 정치를 분리하는 전통('국가사회주의자'와 신디컬리스트가서로 적대한 것이 대표적이다) 때문에 혁명가들은 이 상황을 제대로 이용하지 못했다. 금속 산업 현장에서 활동하던 사회주의자 개개인은 노동자들의 전투성을 결속해 독립적 대중운동으로발전시켰다. 그러나 사회주의 정치와 산업 선동을 어떻게 결합할지는 아직 이론적으로 이해하지 못했다. 직장위원회 지도자들은여전히 정치를 작업장과 무관한 것으로 여겼고 현장에서 벌어지는 투쟁을 그저 경제적 쟁점이라고 생각했다.

셰필드노동자위원회를 주도한 잭 머피가 대표적으로 그랬다.사회주의노동당 당원이었던 머피는 전쟁에 반대했고 전쟁을 추진하는 자본주의 국가를 전복하려고 헌신적으로 활동했다. 그러나 전시의 직장위원회 운동을 다룬 머피의 글을 읽어 보면 머피가 이런 활동을 헌신적으로 했다는 사실을 전혀 추측할 수 없다. 직장위원회의 발행물 가운데 가장 유명하고 인기 있는 것은머피가 1917년에 쓴 소책자 《노동자위원회》였다. 이 소책자는 노동조합 관료에 맞서 현장 조합원의 대안으로 등장한 직장위원회의 전국적 네트워크를 건설하려는 계획을 주의 깊고 세심하게담았는데 전쟁 전 신디컬리즘 전략의 중요한 발전을 보여 줬다.그러나 이 소책자에는 전쟁에 관한 내용이 단 한 줄도 없었다.

물론 머피가 [다른 글에서] 다음과 같이 지적한 것은 옳았다.

전시에 일어난 파업 중에 반전 파업은 하나도 없었다. 그 파업은 흔히 나처럼 전쟁에 반대하는 사람들이 이끌었지만, 전쟁 반대가 파업의 실제 동기는 아니었다. 파업 노동자들의 집회에서 전쟁 반대 문제가 안건으로 제기됐다면 압도적으로 부결됐을 것이다.[3]

숙련 금속 노동자들이 저절로 민족주의 사상이나 노동귀족이라는 우월감을 버릴 수는 없었다. 그러나 그런 논쟁을 시작할 여지는 있었다. 전쟁이라는 극단적 상황에서 전통적 개혁주의가 국가의 대대적 공격에 맞서 노동계급의 임금과 노동조건을 방어하는 데 완전히 실패했기 때문이다.

머피, 갤러처 등의 지도적 직장위원들은 엄청난 재능을 발휘해 대중운동을 건설했고 관료적 방식에 맞서 처음으로 조직적 대안을 내놓았다. 그러나 운동이 더 전진하려면 정치적 지도가 필요했다. 즉, 자신의 경험을 통해 자본주의 체제를 총체적으로 이해한 소수를 한데 모아서 혁명적 정당을 건설해야 했다. 그렇지만 아무도 이런 시도를 하지 않았다. 예를 들어, 갤러처는 주말에는 반전 집회 연단에서 연설했지만 작업장에서는 직장위원으로만 처신했다. 즉, 다수 조합원이 대체로 전쟁에 반대하지 않은 시기에 현장 조합원의 의견을 대변한 것이다.

현장 조합원 운동이 잘나가던 시기에조차 이 운동이 장기적으로 성공하려면 정치적 지도가 매우 중요했다. 정부가 추진한 '노동 희석'으로 공격받던 직업별 부문주의 문제를 살펴보자. [이 책의 지은이 가운데 하나인] 글룩스타인은 다른 글에서 다음과 같이 썼다.

금속 노동자들은 협상에서 유리한 위치에 있었기 때문에 이 문제에 두 가지 상이한 방식으로 대처할 수 있었다. 하나는 정부의 공격을 소수 숙련 노동자가 누리던 특권을 위협하는 것으로 받아들여 대응하는 것이었고, 다른 하나는 어렵게 쟁취해 모든 조합원이 누리던 권리를 빼앗으려는 전쟁의 첫 국면으로 이해하고 대응하는 것이었다.[4]

엘리트주의적인 첫째 주장에 따라 대응하면 금속 노동자의 힘을 부분적으로 동원해 전쟁 기간에는 패배하지 않을 수 있었지만 전쟁이라는 특수한 상황이 산업을 지배하지 않게 되면 지배계급은 공격을 더욱 강화할 것이었다. 장기적으로 저항이 승리할 수 있는 유일한 방법은 노동계급 전체를 향한 선동을 강화해 전투적 노동조합운동을 건설하는 것이었다.

1917년 5월 전시 최대 규모의 파업이 일어났다. 이 파업은 광기 어린 살육이 시작된 지 3년이 지나고 러시아에서 1917년 2월 혁명이 일어난 후에 벌어졌다. 전국 직장위원회 운동이 주도한

이 파업에 금속 노동자 20만 명이 참가해 3주 동안 파업을 벌였다. 정부가 군수품 생산과 무관한 영역에도 노동 희석을 도입하려 한 것이 파업의 발단이 됐다. 이 파업의 쟁점은 노동자들이 제국주의 전쟁 지원에 희생되기를 거부해야 한다는 것이 아니라 소수 민간 기업이 이윤 잔치에 뛰어들도록 놔둬야 하느냐였다. 숙련 금속 노동자들 말고는 아무도 직접적 이해관계가 없었고 비공식 지도부가 투옥되자 파업도 끝나 버렸다.

1918년 초에 정치와 대중의 전투성을 연결할 기회가 열렸다. 볼셰비키가 러시아에서 권력을 잡았고 전쟁에서 빠졌다. 바로 이 시기에 영국군은 더 많은 병력이 필요하다며 더 폭넓은 징집 권한을 달라고 요구했다. 직장위원회 전국행정위원회는 정부에 새 징집 제도를 폐기하고 볼셰비키가 제안한 평화협정을 받아들이라는 최후통첩을 보냈다. 그러나 정치적 혼란 때문에 이런 위협은 효과가 반감됐다. 영국 직장위원회가 발행한 신문 〈솔리대러티〉(연대)는 정부에 보낸 최후통첩을 칼럼으로 실었지만 동시에 다음과 같이 주장하기도 했다.

독일 노동자들이 우리와 생각이 같다는 것이 확실할 때만 우리는 "일손을 놓고 될 대로 돼라"는 정책을 망설이지 않고 호소할 것이다. 그러나 우리는 독일의 노동자 동지들과 접촉하지 못한다. … 어쩌면 독일 노동자들은 영국을 침공하라는 … 군 장성들의 명령을

기꺼이 따르려 할 수도 있다. 영국을 침공한다면 독일 노동자들은 일생일대의 끔찍한 경험을 할 것이다.[5]

기관지에 드러나듯이 직장위원회 지도부의 정치가 이토록 취약했기 때문에 현장 조합원들이 파업 호소에 거의 열의를 보이지 않은 것은 놀라운 일이 아니었다. 노동 희석 반대 투쟁을 패배로 이끈 클라이드노동자위원회의 전략이 안고 있던 약점, 즉 일관된 혁명적 정당의 부재, 작업장 문제와 정치를 분리하는 경향이 똑같이 나타나 결국 징집에 맞선 파업의 가능성도 사라졌다.

비극적이게도, 〈솔리대러티〉가 독일 노동자들이 전쟁을 지지할 수도 있다고 두려움을 나타낸 바로 그 순간에 독일 금속 노동자 40만 명이 전쟁에 반대해 파업에 들어갔다가 국제적으로 고립됐다.

〈솔리대러티〉가 국경 너머로 연대 정신을 발휘하지 않은 것은 신디컬리즘이 정치와 경제를 분리한 직접적 결과였다. 직장위원회는 작업장의 투쟁을 폭넓은 정치 문제와 결합하지 못했기 때문에 작업장 쟁점에서는 전투성을 유지할 수 있었지만 정치투쟁에는 기권해 부르주아 사상이 우세하도록 만들었다. 그래서 영국의 숙련 금속 노동자들은 국제 노동계급의 단결을 강화하는 파업이 아니라 다음과 같은 노동귀족적 구호를 외쳤다. "나를 전쟁터에 보내지 말라. 나는 금속노동자연합 조합원이다."

명확한 혁명적 지도가 없었기 때문에 직장위원회 운동은 또 다른 형태의 부문주의로 나아갔다. 즉, 자신의 활동을 금속 산업으로 제한했다.

문제는 이것만이 아니었다. 직장위원회 운동의 중앙 기구는 지도를 제공하려고 세운 것이 결코 아니었다. 중앙 기구는 1917년 직장위원 협의회에서 수많은 반대에 부딪친 후 가까스로 세워졌다.

결국 피트는, 전국위원회는 집행위원회가 아니라 '행정위원회'일 뿐이고 모든 문제는 현장 조합원의 의사에 따라 결정한다고 확답한 후에야 한숨을 돌리고 협의회를 열 수 있었다. 협의회는 전국위원회의 명칭을 '직장위원회·노동자위원회 전국행정위원회'로 에둘러 정해서 [지도 기구가 아님을] 분명히 했다. 그래서 처음으로 전국위원회가 구성되기는 했지만 전국위원회는 운동에 필요한 지도를 제공하지 못하게 만드는 이론에 기반하고 있었다.[6]

지도에 대한 직장위원회의 이런 태도는 몇몇 주도적 직장위원의 일탈이 아니라 정치를 거부한 데서 비롯한 것이었다. 정치가 있어야 혁명적 사상을 가진 소수를 결집해 대중투쟁을 지도하는 데 주도력을 발휘할 수 있는 당을 만들 수 있는데 말이다. 직장위원회는 혁명적 정당이 주도적인 정치적 구실을 할 뿐 아니라 현장 조합원 운동의 당면 산업 투쟁을 이끌 수 있는 능력이 있다는 것도 이해하지 못했다.

금속 노동자 직장위원회 운동의 주요 약점은 **모든** 지도를 거부한 것이었다. 지도의 주체가 노동조합 관료인지 [현장 조합원의 지지를 받는] 비공식 지도부인지를 구분하지 않고 말이다. 머피는 다음과 같이 썼다. "우리는 지도자가 노동조합 관료든 현장의 비공식 지도자든 개의치 않는다. 지도자가 대중을 좌우하려 하면 대중은 생각할 기회를 잃어버릴 것이다."[7] 머피는 〈솔리대러티〉에 쓴 기사에서 이 점을 다음과 같이 강조했다.

직장위원회 운동과 노동자위원회의 기본 원칙은 현장 조합원의 요구에 복종하는 것이지 그 반대가 아니다. 이 원칙은 직장위원이 노동자를 파업에 끌어들이는 사악한 무리라고 비난하는 언론과 현학자들을 정면으로 반박한다. 직장위원은 노동자를 파업에 '끌어'들이지 않는다. 직장위원의 의무는 '지도'하는 것이 아니다. 사실이 운동 전체가 '지도'에 대한 반박이다.[8]

물론 제1차세계대전 당시의 직장위원들도 운동을 지도한 '죄'를 지었다. 그러나 넓은 의미에서 정치를 외면하는 신디컬리즘적 태도 때문에 직장위원들은 현장 조합원의 자신감을 높이는 데서 자신이 한 지도적 구실을 인식하지 못했다. 직장위원들이 조합원을 광범하게 조직하자고 제안한 것이나 작업장에서 직접행동을 조직한 것이 바로 지도였는데 말이다. 이런 지도는 관료적 권위주의나 의원직을 얻으려는 출세 지향적 지도와 전혀 달랐지만 일종의 지도였다.

당시 노동운동에는 또 다른 비공인 운동이 있었다. 이 운동은 사우스웨일스 탄광 지역을 중심으로 벌어졌고 오늘날 우리가 '범좌파 연합'이라고 부르는 형태로 조직됐다. 이 운동도 신디컬리즘의 영향을 받았지만 금속 노동자들과 매우 다른 조건에서 벌어졌다. 두 운동의 차이를 비교하면 교훈을 얻을 수 있다.

광원노조는 작업장, 지역공동체, 집단적 조직이 통합된 지역에서 조직됐다. 탄광, 노동조합 지부, 광원 거주지가 모두 한곳에 모여 있었기 때문이다. 탄광 산업의 이런 특성 덕분에 광원노조는 금속노조와 달리 숙련 노동자와 미숙련 노동자가 별도의 조직으로 분열하지 않았다. 조합에 가입한 광원은 대부분 단일 노동조합, 즉 영국광원노조연맹MFGB 소속이었다. 이와 대조적으로 금속 산업에는 노동조합이 200개가 넘었다.[9] 금속 산업의 이 수 많은 노동조합은 작업장이 아니라 지역 단위로 조직되는 경향이 있었다. 많은 조합원이 광범한 지역의 여러 소규모 작업장에 흩어져 있는 데다 각 노동조합은 한 작업장 내에서도 특정 직종의 노동자만 포괄했기 때문이다.

탄광 산업에서는 작업장과 노동조합 지부가 [지리적으로] 일치한 데다 전투적 활동가들의 노력이 더해져 현장 조합원의 불만이 곧바로 노동조합에 전달될 수 있었다. 이런 조건 덕분에 노동조합 안에서 현장 조합원의 영향력이 더 컸지만 동시에 현장 조합원이 노동조합과 독립적으로 행동하기가 어려웠다.

금속 산업의 노동조합 지부는 작업장에서 시시각각 발생하는 문제에 별로 관심이 없었고 개입도 거의 하지 않았다. 일상적 문제에 효과적으로 대응한 사람들은 직장위원이었는데, 직장위원들은 일상적 문제에서 현장 조합원의 요구를 대변하고자 줄곧 노동조합 구조에 얽매이지 않고 활동했다.

금속 노동자에게 연대란 직종별·공장별 분리를 극복하는 것이었다. 광원들도 조직적으로는 다른 노동조합의 노동자들과 분리돼 있었지만 광원노조연맹 자체가 워낙 거대한 부문이었기 때문에 광원들은 자연히 자신이 속한 노동조합 지부와 지구를 탈바꿈시키려는 노력을 연대라고 생각했다. 이런 연대를 가장 훌륭히 보여 준 사례는 사우스웨일스 광원들이었다.

이미 1911년에 탄광의 투사들은 중요한 성과를 얻어 냈다. 이들은 사우스웨일스광원노조연맹SWMF을 압박해 전국적 최저임금제* 쟁취 투쟁을 조직하겠다고 선언하게 만들었다. 이들의 노력은 이듬해 1912년에 전국적 광원 파업이 일어난 데 일정하게 기

---

* 광원들의 임금은 석탄 가격의 영향을 크게 받았다. 그래서 광원들은 석탄 가격에 관계없이 임금의 하한선을 정하는 최저임금제를 전국적으로 동일하게 실시하라고 요구했다.

여했다고 할 수 있다.

전투적 광원들은 1911년 5월 설립된 비공식개혁위원회URC로 조직돼 있었다. 비공식개혁위원회는 그 이름으로 알 수 있듯이 노동조합을 개혁하는 데 전념했다. 물론 이것은 현장 조합원의 대중적 압력을 최대한 반영한 아래로부터의 개혁이었지만 여전히 노동조합 기구를 개혁하는 것이었지 대체하는 것은 아니었다.

비공식개혁위원회가 발간한 가장 중요한 간행물은 잘 알려진 소책자 《광원들의 다음 단계》(1912)인데, 이 소책자는 노동조합 관료에 맞서 현장 조합원의 활동과 통제를 제안했다.

《광원들의 다음 단계》의 부제는 사우스웨일스 "광원노조연맹 재조직 방안"이었다. 이 소책자는 "진정한 민주적 조직"을 세우는 것이 "전체 계획의 기초"라고 주장했다. 현장 조합원이 관료 기구를 완전히 통제해서 전통적 노동조합운동을 철저히 개혁하자는 것이었다.

1. 지부가 최고 권한을 갖는다. 새로운 계획·정책·전술은 모두 지부가 발의한다. 지부나 조합원 투표의 승인을 받지 않으면 조합의 규약이 될 수 없다.

2. 집행부는 상근 지도부여서는 안 된다. 앞에서 설명했듯이 상근 간부나 지도자가 노동조합을 지배하면 민주주의는 불가능하다. 이

때문에 상근 간부와 지도자는 모든 집행 권한에서 배제돼야 한다. 집행부는 순수한 행정 기구가 돼야 한다. 집행부는 순수 행정 업무에 적합한 사람을 조합원이 직접 선출해 구성한다.

3. 교섭위원이나 파견 조직자는 집행부의 직접 통제와 조합원의 간접 통제를 받으며 조합원의 이익에 복무한다.[10]

《광원들의 다음 단계》의 지은이들은 금속노조 활동가들과 같은 이론, 즉 신디컬리즘에서 출발했지만 다른 결론에 도달했다.

머피가 쓴 소책자 《노동자위원회》는 금속 산업의 직장위원회 운동을 매우 명료하게 설명했다. 《노동자위원회》는 기존 노동조합의 권위와 경쟁하는 완전한 전국적 조직을 건설하자고 제안했다. 이런 견해는 금속 직장위원들이 처한 상황, 즉 노동조합이 수백 개로 분리돼 있고 숙련 노동자의 이기주의가 만연한 상황의 논리적 결론이었다. 비공식개혁위원회의 방안이 탄광 산업과 광원노조에 대한 논리적 결론이었던 것과 마찬가지로 말이다.

《노동자위원회》는 기존 노동조합 기구로부터 독립적인 새로운 조직을 제안했기 때문에 자신의 고유한 조직 형태를 고민해야 했다. 이 조직은 전임 상근 간부와 조직 보존주의에 반대하는 대중의 저항을 자신의 조직 형태에 반영해야 했다. 둘 다 부문주의를 부추기고 노동자들의 투쟁력을 약화시키는 원인이었기 때문이다.

반면 비공식개혁위원회의 핵심 활동은 현장 조합원이 노동조합을 완전히 통제하도록 광원노조의 조직을 개선하는 것이었다. 노동조합 자체가 가장 강력한 조직력을 발휘할 수 있다고 본 것이다. 물론 비공식개혁위원회는 어쨌든 선동 세력으로 활동하려 했으므로 [독자적] 모임을 열어야 했다. 자신들의 견해를 널리 알리려다 보니 모종의 제한적 중앙집중주의가 필요했지만 조직 형태는 느슨했다. 비공식개혁위원회의 목적이 노동조합을 대체하는 게 아니라 강화하는 것이었기 때문이다. 비공식개혁위원회 활동가에게는 지부 활동과 지역·전국 협의회가 진정한 활동 무대였다.

비공식개혁위원회는 놀라울 정도로 느슨한 조직이었는데, 이런 태도는 1920년대 초 '광원 소수파 운동'이 등장할 때까지 비공식개혁위원회의 역사에서 거듭 나타났다. 실제로 사우스웨일스 활동가들을 하나의 경향으로 단정하는 것은 사실을 왜곡하는 것이다. 마이크 우드하우스는 사우스웨일스 노동자 운동의 역사를 탁월하게 설명한 책에서 당시 활동가들에게서 나타나는 경향이 당혹스러울 만큼 다양하다는 것을 발견했다.[11] 다양한 경향의 활동가들은 모두 활동가들의 독립적 조직보다는 많은 조합원을 거느린 광원노조 같은 집단적 조직이 중요하다는 생각을 공유했다.

최초의 활동가 네트워크는 플레브스(평민)동맹의 시원으로 건설된 듯한데 평민동맹은 교육 강좌를 운영했고 사상적으로는 신디컬리즘이 매우 강했다. 평민동맹과 그 모체 격인 중앙노동대학은 일종의 느슨한 토론 모임이었고 바로 이런 분위기였기에 비공인 운동이 효과적으로 조직될 수 있었다. 비공식개혁위원회는 좀 더 탄탄한 조직들이 와해될 때마다 이런 느슨한 연합 형태로 되돌아갔다. 비공식개혁위원회 자체는 캄브리아 컴바인* 탄광 파업의 여파로 생겼고 1911년에** 《광원들의 다음 단계》를 펴냈다. 이듬해 활동가들은 론다*** 사회주의협회를 결성했는데 이 단체도 다양한 의견을 가진 사람들이 섞여 있는 광범한 조직이었다. 론다사회주의협회는 영향력이 커지자 1913년에 사우스웨일스노동자동맹으로 발전했다. 그해 말 톰 만이 주도하는 '산업 신디컬리스트 교육 동맹'과 연관 맺으면서 노동조합개혁동맹을 결성했다가 곧 산업민주주의동맹으로 이름을 바꿨다.

전쟁 와중에도 조직과 명칭이 정신없이 빠르게 바뀌었다. 1915년 선구자동맹이라는 새로운 조직이 등장해 명맥을 이었다. 그 뒤 한동안 주춤하다가 1917년 중앙노동대학 강좌를 통해 재건 움직임이 일었다. 2년 후 사우스웨일스사회주의협회가 결성

---

* 사우스웨일스의 석탄 기업 네트워크.

** 1912년을 잘못 쓴 듯하다.

*** 사우스웨일스의 탄광 지대.

됐고 이 협회의 '산업위원회'가 《광원들의 다음 단계》 개정증보판을 발행했다.

이 단체들을 나열한 이유는 아는 체하려는 것이 아니라 비공식개혁위원회 활동가들이 지역 노동조합 바깥에 견고한 조직을 건설할 필요성을 얼마나 등한시했는지 보여 주려는 것이다. 앞의 단체명들을 보면 대부분 사우스웨일스와 직접 관련이 있음을 알 수 있다. 특정 탄광에서 제기된 문제에 맞서는 것뿐이라면 노동조합은 지역 수준에서 싸울 수 있었고(1911~12년 최저임금제 쟁취 운동처럼 전국 수준에서 투쟁이 벌어지는 경우도 가끔 있었다) 지역 네트워크를 제외한 다른 것은 별로 필요 없는 듯 보였다. 비공식개혁위원회는 혁명적 정당이라는 개념을 등한시했고 강력하고 독립적인 현장 조합원 조직의 필요성도 중요하게 여기지 않았다. 비공식개혁위원회 지지자들은 단지 활동가들의 네트워크와 선전 수단(앞서 말한 조직은 대부분 기관지를 발행했다. 〈더 론다 소셜리스트〉, 〈사우스웨일스 워커〉, 〈파이어니어〉 등), 모임 공간만 있으면 된다고 생각했다. 회원 규정이나 엄격한 규약 같은 형식은 모두 고려할 가치가 없다고 여겼다. 우드하우스는 다음과 같이 썼다.

비공식개혁위원회의 조직 형태는 당연히 매우 느슨했다. W H 메인웨어링이 사우스웨일스 활동가 200여 명(대부분 광원노조연맹

소속이었다)의 주소록을 가지고 다녔는데, 바로 이 연락망을 통해
《광원들의 다음 단계》가 … 배포됐고 특정 쟁점에 대한 비공식개
혁위원회의 정책이 노동조합 지부로 전달됐다.[12]

이때가 1911년이었다. 그러나 10년이 지난 후에도 변한 게 하
나도 없었다. 그사이 지역과 전국 노동조합의 정책을 결정하는
데서 일련의 중요한 승리를 거뒀는데도 말이다. 당시' 비공식개
혁위원회 지도자 훌렛은, 노동자위원회를 건설해 강력한 독자적
조직의 전통을 잇고 있던 스코틀랜드 금속 노동자들에게 다음
과 같이 설명해야 했다.

많은 외지 사람들은 사우스웨일스에 비공식위원회의 네트워크가
탄탄하게 조직돼 있다고 생각한다. 실상은 이와 다르다. 사실 탄광
지역에는 상시적인 비공식 조직이 없다. 공동 대응이 필요하면 우
리는 다음과 같이 한다. 선진 부위나 저항하고자 하는 사람들이
모여 토론하고 결정한 후 자신이 속한 탄광위원회와 노동조합 지
부로 돌아간다. 그곳에서 우리의 견해를 내놓고 구성원들이 충분
히 토론하도록 한다. 우리의 견해가 수용되면 각종 회의와 협의회
에 파견되는 대표가 이 견해를 따르게 만든다.[13]

비공식개혁위원회 활동가들은 기층 광원들의 일상 투쟁에 깊

이 관여했고 이를 이용해 노동조합이 행동에 나서게 만들었다. 그 덕분에 비공인 운동은 [1910~14년의] 노동자 대투쟁부터 [1926년] 총파업까지, 1930년대로 이어지는 위대한 투쟁 속에서 살아남았다. 이런 생명력은 비공인 운동을 주도한 신디컬리스트들이 네트워크를 유지하고 투쟁 속에서 현장 조합원의 요구를 대변하는 한 지속될 수 있었다.

따라서 비공식개혁위원회는 마치 인간이 호흡하듯이 투쟁이 부침을 겪을 때마다 영향을 크게 받았다.

비공식개혁위원회 활동에 영향을 미친 또 다른 요인도 있었다. 비공식개혁위원회는 한쪽의 의사만 전달하는 수단이 아니었다. 다시 말해, 비공식개혁위원회는 현장 조합원의 영향을 직접 받았지만 사우스웨일스광원노조연맹을 개혁하겠다는 목표 때문에 위로부터도 영향을 받았다. 조직 개혁을 목표로 삼으면 지도부가 개혁 요구에 양보할 때 지지를 보내야 한다. 지도부가 특정 방향으로 나아가도록 회유하는 게 목표라면 지도부가 올바르게 행동할 때 그 보답으로 아래로부터의 압력을 완화해야 한다. 그래서 비공식개혁위원회는 지역 노동조합 관료가 어떤 태도를 취하는지에 따라 투쟁을 선동하기도 하고 선동하지 않기도 했다.

비공식개혁위원회가 한 선동을 간단히 살펴보면 이 점이 확연히 드러난다. 1912년 최저임금제 쟁취 투쟁 기간에 비공식개혁위원회는 협상에 방해가 될까 봐《광원들의 다음 단계》배포와 노동조합 개혁 운동을 중단했다. 한 지역 신문은 다음과 같이 썼다.

일부 사람들은 위기 속에서 협상이 진행되고 있는 이때 [노동조합 개혁] 계획을 발표하는 것이 적절하지 않고 혼란을 초래할 수 있다고 생각한 듯하다. 이들은 [사용자들이] 음모를 꾸미기 전에 최저임금을 보장받아야 한다고 생각한다.[14]

얼마 후 협상이 타결되고 1913년에 호황을 맞이하자 승승장구하던 비공식개혁위원회 활동이 사라지다시피 했다. 〈사우스웨일스 워커〉는 다음과 같이 불평했다.

공적 활동에 관한 한 … 지난 한 해 동안 론다는 쥐 죽은 듯 조용했다. 론다에서는 바깥세상에서 벌어지는 격렬한 투쟁의 흔적조차 찾을 수 없었다.[15]

그런데 론다는 비공식개혁위원회가 영향을 미치는 핵심 지역이었다. 같은 해 노동조합 관료들이 동일 임금률과 관련한 비공인 운동의 정책을 상당 부분 수용하자 조직된 활동가들은 더 수동화됐다. 노동조합이 노동자들이 요구한 개혁을 추진하는데 군이 별도의 조직이 필요할까 하는 의문이 자라난 것이다.

금속과 광원 노동조합 활동가들은 모두 지도라는 개념을 거부했다. 이는 혁명적 정당의 지도가 하는 구실마저 부정한다는 점에서 잘못이었지만 한편으로 지도를 완전히 거부하는 이런 태도는 노동조합 관료들과 의회 정치인들을 혐오하는 건강한 문제 의식에서 비롯한 것이었다.

그렇지만 이 둘의 목표, 즉 관료 집단을 개혁하려 한 광원들과 관료 집단을 뛰어넘으려 한 금속 노동자들 사이에는 큰 차이가 있었다.

《광원들의 다음 단계》는 특정 전략을 암시했다. 만약 이 계획이 채택된다면 이 계획을 반대하는 자들[노동조합 관료]에게 그것을 수행하라고 맡겨 둘 수는 없는 노릇이다. 노동조합을 장악하고 재조직하려 노력한다는 것은 언젠가는 반드시 노동조합 관료가 되는 것을 뜻했다. 사회주의노동당은 당원들이 노동조합에서 직위를 맡는 것을 엄격하게 금지했지만 비공식개혁위원회는 ('지도자'가 되기를 꺼리면서도) 위원회에 속한 최상의 투사들을 기꺼이 노동조합 지도부로 만들려고 했다. 일찍이 1911년에 비공식개혁위원회 활동가 리스와 애블렛은 사우스웨일스광원노조연맹 집행부가 됐다. 그 뒤 더 유명한 많은 활동가들도 같은 길을 갔다. 그래서 프랭크 호지스(광원노조 지도자로 지미 토머스, 로버트 윌리엄스와 함께 광원 투쟁을 배신해 악명 높은 '암담한 금요일'을 만든 장본인이다)는 비공식개혁위원회의 노선을 지지하며 사신의 경력을 쌓았다.

비공식개혁위원회의 전체 역사는 이제 막 광원이 된 젊은 세대 활동가와 노동조합 재조직을 목표로 노동조합 관료 기구에 편입한 활동가 사이의 끊임없는 마찰로 얼룩져 있다. 신구 활동가 사이의 적대는 1914년에 처음 드러났는데, 한 활동가는 비공식개혁위원회가 사우스웨일스광원노조연맹 집행부로 지명한 애블렛 등의 활동가들을 다음과 같이 비판했다.

이들은 반동적 정책을 지지하지 않겠다고 맹세했다. 반동적 정책을 펴는 집행부에 참여하지 않기로 했다. 혁명적 정책을 고수하고 전투적 강령을 전면에 내세우겠다고 했다. 전투적 현장 조합원들이 결정한 노선에 따라 행동하도록 집행위원회에 압력을 넣겠다고 했다. 그렇게 했는가? 조금도 망설이지 않고 아니라고 답할 수 있다. 이들은 말만 번지르르하게 할 뿐 혁명가이기를 포기했다.[16]

4년 뒤 조지 돌링과 냇 왓킨스(머지않아 '광원 소수파 운동'에서 중요한 구실을 한다)는 비공식개혁위원회에 활력을 불어넣으려는 새로운 시도가 실패로 돌아가자 다시 비공식개혁위원회를 비판했다. 돌링과 왓킨스는 새 시도가 실패한 중요한 이유를 폭로했다.

오늘날 사회주의자 대열에는 유명세를 얻고 고분고분해져 자본주의의 애완견 노릇을 하는 사람들이 있다.

돌링과 왓킨스는 비공식개혁위원회의 기존 지도부를 언급하며 다음과 같이 이어 갔다.

우리는 지도부가 더 잘하기를 기대한다. 지도자는 개혁 작업이 진 척될 수 있도록 자신감을 주는 글을 쓰면서 지도자로서 부끄럽지 않게 행동해야 한다. … 우리는 비공식개혁위원회 구성원 상당수 가 우리처럼 현 상황에 만족하지 않는다고 확신하며 이 글을 쓴 다. … 우리는 집행위원회에 활기를 불어넣으려고 꾸준히 노력하고 집행위원회가 우리의 강령을 따르도록 하는 데 집중하는 '생강 단 체'가 돼야 한다.[17]

그러나 기존의 '생강 단체' 방식은 충분한 효과를 낸 적이 단한 번도 없었다. 변질됐다가 거듭나는 과정은 비공식개혁위원회의 전략 자체에서 비롯한 것이었다. 현장 조합원 운동을 건설해 새로운 활력을 만들어야 했는데 노동조합 개혁을 배타적으로 강조하면서 최상의 투사들을 이 과제에 배치하다 보니 투사들이 자신의 지지 기반에서 분리돼 고립된 것이다.

노동조합 지도자가 비공인 운동 출신이라도 관료주의의 위험을 완전히 피할 수 있는 것은 아니었다. 현장 조합원과 함께 일하며 경험을 공유하는 대신 연단에 올라 연설하는 일을 하면서 현장 조합원과 연결 고리가 약해지자 그 효과가 나타났다. 비공식개혁위원회가 낸 후보들도 한동안 노동조합의 고위 간부를 맡고 나면 관료적 사고방식에 빠질 수밖에 없었다.

비공식개혁위원회는 조합원들의 불만을 지도부에게 전달하는 통로였지만 최상의 투사들을 노동조합 간부로 만들어 그들이 고위 간부가 됐을 때 관료주의의 수렁에 빠뜨리는 지름길이기도 했다. 개혁주의가 광범한 지지를 얻는 상황에서 노동조합 관료가 되면 혁명적 정당의 정치와 규율에서 벗어나는 것은 피할 수 없는 운명이었다.

비공식개혁위원회는 관료 기구로부터 독립적으로 조직하고 행동하려 했지만 비공인 파업을 관료적 파업을 뛰어넘는 대안으로 여긴 적이 단 한 번도 없었다. 물론 비공식개혁위원회는 크고 작은 비공인 파업을 무수히 많이 조직했지만 비공식개혁위원회 지도자들은 파업의 당면 목표와 무관하게 이 파업을 주로 노동조합 관료를 올바른 방향으로 이끄는 수단으로 생각했다. 비공인 파업을 현장 조합원의 독자적 힘을 보여 주는 증거로 여기지 않은 것이다.

비공식개혁위원회의 이런 태도 때문에 파업위원회는 노동조합 지부와 별도로 존재하는 상시 기구가 되지 못했다(금속 노동자들이 파업 조직들을 상시 기구로 조직한 것과 달리 말이다). 그래서 광원들은 독자적 노동자위원회를 전혀 발전시키지 못했다.

금속 노동자의 직장위원회 운동과 마찬가지로 비공식개혁위원회도 정치가 모호했다. 비공식개혁위원회는 당면 쟁점에 대해 노동조합 지도부가 행동에 나서도록 최대한 단결하는 것이 당시의 더 광범하고 뜨거운 쟁점들보다 더 중요하다고 생각했다. 이런 태도는 비공식개혁위원회가 노동조합 기구 바깥에 둔 여러 조직에도 그대로 이어졌다. 이 점은 한때 비공식개혁위원회의 대변지 구실을 한 〈더 론다 소셜리스트〉가 잘 보여 줬다. 이 신문이 "신디컬리즘, 노동당 개혁주의, 사회주의를 뒤죽박죽 섞어 놓았다"고 비판받자 편집자는 다음과 같이 답변했다.

> 오늘날 사회주의 운동에는 다양한 '학파'가 있다. … 그러나 사회주의자로서 우리는 모두 한 가지 목표를 위해 단결한다. 우리는 모두 자본주의를 철폐하고 사회주의 국가를 건설하고자 한다. … 이 목표를 이룰 가장 효과적인 수단을 두고 의견이 다른 것은 자연스러운 일이다.[18]

전쟁이 터지자 정치가 취약한 비공식개혁위원회는 완전히 마비됐다. 사우스웨일스 광원들이 중요한 산업 투쟁을 벌였는데도 말이다. 1915년 7월과 1918년에도 광원들이 주목할 만한 투쟁을 벌였지만 비공식개혁위원회는 이 투쟁에서 중요한 구실을 하지 못했다.

비공식개혁위원회가 마비된 주된 원인은 비공식개혁위원회 활동가들이 전쟁에 대한 견해가 서로 달라서 분열했기 때문이다. 사우스웨일스광원노조연맹 집행부였던 노아 리스, 프랭크 호지스, 윌 존은 전쟁을 지지했고 입대를 호소하는 활동에도 참여했다. 비공식개혁위원회를 매우 열렬히 지지한 조지 바커와 톰 스미스도 전쟁을 지지했고 전쟁 말미에 가서야 좀 더 비판적인 태도를 취했다. 급진적이라고 알려진 애블렛조차 "1917년 이전에는 전쟁에 반대하는 주장을 분명하게 하지 않았다. 사실 애블렛은 정부의 전쟁 노력을 지원해야 한다는 이유를 내세워 로이드조지의 [1915년 7월 — 지은이] 법안을* 받아들이자고 주장했다."[19]

그러나 1917년 초 광원 징집면제 조항이 폐지되면서 상황이 달라졌다. 전쟁부는 미숙련 남성 노동자를 '색출'하기 시작했고 서부전선에서 전투가 치열해지자 4월에는 징집을 강화했다. 1918년 초 정부가 정규군 5만 명과 예비군 5만 명을 요구했기 때문에 광원들은 금속 노동자들과 마찬가지로 입대 압력을 받았다. 그러나 사우스웨일스의 혁명적 사회주의 경향은 금속 산업에서보다 훨씬 취약했고 비공식개혁위원회가 늦게나마 전쟁

---

* 1915년 전선에 보낼 포탄이 부족해지자 당시 군수성 장관 로이드조지는 임금과 노동조건을 공격하고 파업을 금지하는 전시군수물자법을 통과시켰다. 노동자들의 저항이 잇따랐고 클라이드노동자위원회도 이 법에 반대하는 운동 속에서 건설됐다.

쟁점을 제기했을 때는 독립노동당의 정책에서 가장 많은 영향을 받았다.

독립노동당ILP은 마르크스주의의 계급 전쟁 사상을 거부하고 '윤리적 사회주의'를 설파한 철저한 개혁주의 정당이었다. 독립노동당은 평화주의자인 램지 맥도널드가 이끌었다. 그러나 다음의 인용문을 보면 맥도널드가 내세운 평화주의의 취지가 무엇인지를 알 수 있다. 맥도널드는 전쟁을 싫어했지만 국가의 전쟁 수행을 방해할 수도 있는 파업을 훨씬 더 두려워했다.

전쟁이 계속되는 현 상황에서 순전히 산업적 요구를 내세워 파업하는 것은 독립노동당의 정책과 아무 관계도 없다. … 이 파업은 순전히 임금노동자의 산업 정책에서 나온 것이며 실리주의적 정서(이런 정서 덕분에 전쟁을 추진하는 정당은 노동계급의 묵인을 얻어 낼 수 있다)에 훨씬 더 직접적으로 호소하는 것이다. 이 파업은 독립노동당의 정치적·정신적 세계관에서 비롯한 것이 아니다.[20]

이런 단점이 있었지만 비공식개혁위원회는 사우스웨일스 광원들의 집단적 조직에 매우 깊이 뿌리내렸기 때문에 광원들이 불만을 느끼거나 노동조합 관료가 사용자의 압력에 굴복했을 때는 대단히 훌륭한 투쟁 기구임을 증명했다. 직장위원회 운동과 마찬가지로 비공식개혁위원회 운동도 현장 조합원의 자주적 행동과 대중투쟁의 가능성을 보여 줬다.

금속 노동자들과 광원들이 벌인 비공인 운동은 신디컬리즘의 산물이었다. 두 운동은 산업 투쟁을 전투적으로 벌이고 현장 조합원을 신뢰하는 등 공통점이 매우 많았다. 그러나 정치적으로 취약하고 조직을 느슨하게 생각하고 자신이 속한 산업에 갇혀 협소한 시각을 극복하지 못하는 등 약점마저 꼭 닮았다.

직장위원회 운동과 비공식개혁위원회는 같은 시기에 활동했지만 단 한 번도 공동 행동을 한 적이 없다. 두 운동은 매우 다른 관점으로 노동조합운동에 접근했다. 그럼에도 모든 노동조합에서 활동하는 혁명가들에게 중요한 교훈을 준다.

직장위원들이 조직한 독립적 현장 조합원 운동은 독립적 행동에 나설 수 있는 자신감 높은 현장 조직이 있는 곳에 매우 적합했다. 광원들이 조직한 비공식개혁위원회는 관료적 노동조합이 투쟁을 제한할 때 유용했다. 비공식개혁위원회는 '범좌파 연합'이 할 수 있는 최대치를 구현했다. 모든 범좌파 연합이 그렇듯이 비공식개혁위원회도 노동조합 기구의 끊임없는 악영향에 시달렸지만 때때로 현장 조합원의 자발성을 전달하는 유용한 통로 구실을 할 수 있음을 보여 줬다.

두 운동은 노동조합운동에 개입해 관료의 영향력을 약화시킬 수 있었다. 두 운동은 서로 달랐지만 혁명가들이 노동조합에서 효과적으로 활동하는 데 유용한 길잡이를 제공했다. 그러나 이 교훈을 충실히 이행하려면 강력한 혁명적 정당이 반드시 있어야 했다.

두 운동은 고립돼 있었기 때문에 위험을 안고 있었다. 여러 산업과 지역에 뿌리내린 마르크스주의 정당의 지도가 없었기 때문에 노동조합 관료와 정부가 전쟁 부담에서 벗어나 반격을 가하자 직장위원회 운동은 쉽게 고립돼 분쇄됐다. 직장위원회가 고안한 노동자위원회라는 개념을 전후의 불리한 상황에서 적용하면 가망 없는 선전주의 종파로 전락하기 일쑤였다. 예를 들어, 스코틀랜드에서는 진정한 현장 조합원 조직들이 사라진 상황에서 현장 조합원 조직을 자처하는 '사회적 소비에트'가 등장했다. 다른 한편, 비공식개혁위원회 방식은 수많은 후대의 지도적 투사들을 관료가 되게 만들었고 현장 조합원들을 관료 기구에 종속되도록 만들었다.

오직 혁명적 정당만이 시기마다 무엇이 필요한지 분석하고 산업별 투쟁의 불균등성을 극복하도록 돕고 정치의식을 높일 수 있다. 산업 투쟁은 노동자 권력 쟁취라는 더 광범한 전략의 일환이 돼야 그 투쟁의 성과를 상시적인 것으로 만들 수 있다. 두 현장 조합원 운동은 대중행동을 불러일으킬 수 있었지만 대중행동에 필수적인 정치적 지도는 제공할 수 없었다.

후주

01_ 러시아와 영국의 노동조합

1   S A Smith, *Red Petrograd* (Cambridge 1983) pp 57~8.

2   Tony Cliff, *Lenin* (London, 4 vols, 1975~79) vol 1, p 331[국역: 《레닌 평전 1》, 책갈피, 2010].

3   Smith, pp 105, 109.

4   Smith, pp 107~8.

5   Smith, pp 109~110.

6   Leon Trotsky, *1905* (New York 1971) p 196.

7   Sidney and Beatrice Webb, *A History of Trade Unionism* (London 1920) p 31.

8   Webbs, p 1.

9   Webbs, p 217.

10 Webbs, p 199.

11 Webbs, p 321.

12 Webbs, p 190.

13 Webbs, p 489.

14 Webbs, p 204.

15 Webbs, pp 577~8.

16 Webbs, p 466.

17 Webbs, pp 469~470.

18 Webbs, p 594.

19 Webbs, p 636.

02_ 마르크스주의, 노동조합, 노동조합 관료

1   Friedrich Engels, *The Condition of the Working Class in England* (1844)[국역: 《영국 노동자계급의 상태》, 두리, 1988] in Marx and Engels, *Collected Works* (London 1975 onwards) vol 4, p 507.

2   Engels, p 512.

3   Karl Marx, *The Poverty of Philosophy* (1847)[국역: 《철학의 빈곤》, 아침, 1989] in Marx and Engels, *Collected Works*, vol 6, pp 210~211.

4   Marx and Engels, *The German Ideology*[국역: 《독일 이데올로기》, 청년사, 2007] in *Collected Works*, vol 5, pp 204~5.

5   M Jenkins, *The General Strike of 1842* (London 1980) p 21.

6   Jenkins, p 23.

7   Jenkins, p 15.

8   Jenkins, p 148.

9   J Foster, introduction to Jenkins, *The General Strike of 1842*, p 13,

10 Marx, *Wages, Price and Profit* (1865)[국역: 《임금, 가격, 이윤》, 백산,

1990] in Marx and Engels, *Selected Works* (Moscow 1958) vol 1, pp 446~7.

11 Hal Draper, *Karl Marx's Theory of Revolution* (London 1978) vol 2, p 107에서 인용.

12 Draper, vol 2, p 107에서 인용.

13 Vladimir Lenin, *Collected Works* (Moscow 1965) vol 8, p 92.

14 Lenin ,vol 10, p 32.

15 Rosa Luxemburg, *The Mass Strike* (London 1964) p 48[국역: 《대중파업론》, 풀무질, 1995].

16 Lenin, vol 5, p 384.

17 Alex Callinicos, 'The Rank and File Movement Today', in *International Socialism*, second series, number 17, p 5.

18 Tony Cliff, 'On Perspectives', in *International Socialism*, first series, number 36.

19 A Bullock, *The Life and Times of Ernest Bevin* (London 1960) vol 1, p 31.

20 Bullock, vol 1, p 116.

21 Trotsky, *Writings 1932~3* (New York 1972) p 170.

22 Clyde Workers Committee leaflet in the Beveridge Collection, British Library of Political and Economic Science, section 3, item 5.

23 Trotsky, *Writings on Britain* (London 1974) vol 2, p 191.

03_ 노동조합 문제에 대한 레닌의 기여

1 Lenin, vol 5, p 400.

2 *Internationaler Sozialisten-Kongress zu Stuttgart, 1907* (Berlin 1907) p 106.

3   Lenin, *On Britain* (London 1959) p 582에서 인용.

4   Lenin, vol 21, p 223.

5   Lenin, vol 21, p 223.

6   Lenin, vol 21, p 242.

7   Lenin, vol 22, pp 193~4.

8   Tony Cliff, 'The Economic Roots of Reformism', in Tony Cliff, *Neither Washington Nor Moscow* (London 1982) pp 110~111.

9   Lenin, *On Britain*, pp 326~7.

10 J Riddell (editor), *Lenin's Struggle for a Revolutionary International* (New York 1984) pp 492~3에서 인용.

11 Riddell, p 482에서 인용.

12 *The Second Congress of the Communist International* (London 1977) vol 2, p 62.

04_ 코민테른과 노동조합 전략

1   Adler (editor), *Theses, Resolutions and Manifestoes of the First Four Congresses of the Third International* (London 1980) p 33.

2   Lenin, vol 31, pp 53, 55.

3   Radek, *The Second Congress of the Communist International*, vol 2, p 62에서 인용.

4   *Second Congress*, vol 2, p 67.

5   *Second Congress*, vol 2, p 67.

6   *Second Congress*, vol 2, p 66.

7   *The Worker*, 31 January 1920.

8   *The Worker*, 31 January 1920.

9   *The Worker*, 31 January 1920.

10 Degras, *The Communist International 1919~1943: Documents* (London, 3 vols 1956~1965) vol 1, pp 89~90.

11 E H Carr, *The Bolshevik Revolution*, vol 3 (London 1966) p 397.

12 E H Carr, *Socialism in One Country* (London 1964) p 545.

13 *Communist Review*, March 1922.

14 *Communist Review*, October 1921.

15 O Flechtheim, *Die KPD in der Weimarer Republik* (Frankfurt-am-Main 1969) p 170.

16 복잡한 협상 내용은 D Horowitz, *The Italian Labour Movement* (Cambridge, Massachusetts, 1963) pp 162~4 참조.

17 Carr, *Socialism in One Country*, vol 2, p 690.

18 Degras, vol 2, p 258.

19 Degras, vol 2, p 645.

20 *Communist Review* April 1922에서 인용.

21 *Bericht über den IV Kongress, Petrograd-Moskau vom 5 November bis 5 Dezember 1922* (Hamburg 1923) p 395.

22 *Communist Review*, March 1923.

23 *International Trade Union Unity*, with introduction by Harry Pollitt (London 1925) pp 17~18.

24 *Second Congress*, vol 2, p 175.

25 *Second Congress*, vol 2, pp 81, 175.

26 Degras, vol 1, p 145.

27 Degras, vol 1, p 96.

28 *Theses, Resolutions and Manifestoes*, pp 264~5.

29 *Second Congress*, vol 2, p 71.

30 *Second Congress*, vol 2, pp 64~5.

31 *Second Congress*, vol 2, p 89.

32 *Second Congress*, vol 2, p 78. 강조는 지은이.

33 *Second Congress*, vol 2, p 167.

34 *Theses, Resolutions and Manifestoes*, p 265.

35 *Moskau gegen Amsterdam* (Hamburg 1921) p 58.

36 *Moskau gegen Amsterdam*, p 53.

37 *Second Congress*, vol 2, p 175.

38 Duncan Hallas, *The Comintern* (London 1984) p 66[국역: 《우리가 알아야 할 코민테른의 역사》, 책갈피, 1994].

39 *Thèses et Résolutions adoptée au Deuxième Congrès de l'Internationale Syndicale Rouge, Novembre 1922* (Paris, no date) p 2.

40 Cliff, *Lenin*, vol 4, pp 45~6.

05_ 영국의 사회주의자와 산업 투쟁

1 H Collins, 'The Marxism of the Social-Democratic Federation', in A Briggs and J Saville (editors), *Essays in Labour History, 1886~1923* (London 1971) p 55에서 인용.

2 Cliff, *Lenin*, vol 4, p 80.

3 T Rothstein, W Kendall, *The Revolutionary Movement in Britain* (London 1969) p 12에서 인용.

4 *Vanguard*, publication of the Scottish area of the British Socialist Party, July 1913.

5 *Proceedings of the Socialist Unity Conference, 30 September and 10 October 1911*, (no date or place of publication given) p 18.

6 *Socialist Unity Conference*, p 12.

7   *The Industrial Syndicalist*, December 1910 (reprinted with an introduction by G Brown, Nottingham 1974).

8   *Industrial Syndicalist*, July 1910.

9   A G Tufton, speaking at the Industrial Syndicalist Education League's founding conference, *Industrial Syndicalist*, December 1910.

10   *Industrial Syndicalist*, December 1910.

11   *The Socialist*, March 1910.

06_ 두 종류의 현장 조합원 운동

1   Beveridge Collection, section 3, item 5.

2   J T Murphy, *Preparing for Power* (London 1972) pp 129~130.

3   J T Murphy, *New Horizons* (London 1941) p 44.

4   Donny Gluckstein, *The Western Soviets* (London 1985) p 70[국역: 《서구의 소비에트》, 풀무질, 2008].

5   *Solidarity*, February 1918.

6   Murphy, *Preparing for Power*, pp 152~3.

7   Murphy, *The Workers' Committee* (London 1972) p 14.

8   *Solidarity*, July 1917.

9   금속노조의 구조를 자세히 알려면 B Pribicevic, *The Shop Stewards and Workers' Control* (Oxford 1959) p 27 참조.

10   *The Miners' Next Step* (London 1973) p 26.

11   M G Woodhouse, 'Rank and File Movements among the workers of South Wales, 1910~26' (Oxford PhD thesis, 1969).

12   Woodhouse, p 76.

13 *The Worker*, 4 September 1920.

14 *Glamorgan Free Press*, 1 March 1912, Woodhouse, p 82에서 인용.

15 *South Wales Worker*, 10 January 1914, Woodhouse, p 95에서 인용.

16 *South Wales Worker*, 13 June 1914, Woodhouse, p 112에서 인용.

17 *The Pioneer*, 13 July 1918, Woodhouse, p 149에서 인용.

18 *Rhondda Socialist*, 1 May 1912, Woodhouse, p 74에서 인용.

19 Woodhouse, p 142.

20 *Labour Leader*, 10 October 1918.

마르크스주의와 노동조합운동[*]

_ 존 몰리뉴

마르크스와 엥겔스의 노동조합론

파업의 역사는 아주 오래됐다. 역사에 기록된 첫 파업은 기원전 1152년에 고대 이집트 데이르 엘메디나의 왕릉 공사에 동원된 사람들이 벌인 것이었고 이 투쟁은 승리했다. 미국에서 최초로 벌어진 파업은 1619년에 버지니아 제임스타운의 폴란드인 숙련공들이 식민지 의회 선거에 참여할 투표권을 요구하며 벌

---

* 　번역: 정종수. 교열·감수: 이승민.

인 파업이었다. 조직적 작업 중단의 뜻으로 '파업strike'이라는 말을 처음 사용한 것은 1768년 런던의 선원들이었다. 이들은 '윌크스와 자유'' 시위를 지지한다는 의사 표시로 항구에 정박한 상선의 돛을 '내리거나strike' 치워서 배들이 움직이지 못하게 만들었다.''' 그러나 오늘날 우리가 알고 있는 형태의 노동조합운동이 실제로 시작되고 발전한 것은 18세기 말과 19세기 초 영국의 산업혁명과 함께 산업 노동계급이 성장하면서부터였다. 당시 노동조합은 각종 결사금지법 탓에 불법이었다. 1834년 공상적 사회주의자 로버트 오언이 전국노동조합대연합 결성을 주도했지만 그 단체는 협동조합 방식을 옹호하며 [당시 번지던] 파업을 가로막았고 노동자들의 지지를 전혀 받지 못했다. 1834년에는 유명한 '톨퍼들의 순교자들' 사건도 벌어졌는데, [잉글랜드 남부] 톨퍼들에서 농업 노동자들이 노동조합을 만들었다는 이유로 유배됐다.

1840년대에 마르크스와 엥겔스가 공산주의자로서 활동을 시작할 무렵 대다수 급진파, 사회주의자들, 자칭 혁명가들은 실은 노동조합운동에 반대하고 있었다. 1869년에 마르크스는 당시를 회고하며 다음과 같이 썼다. "1847년에 저는 노동조합이 필요

---

* 급진적 언론인이자 정치가인 존 윌크스의 체포에 항의해 그의 지지자들이 내건 구호.

** 당시에는 그와 같은 선원 '파업'과 '반란'이 많았다. ─ 지은이.

하다고 주장했지만 모든 정치경제학자와 사회주의자는 한 가지 점, 즉 노동조합을 규탄하는 것에서 의견이 일치했습니다."[2] 엥겔스도 동의하며 다음과 같이 썼다. "정말이지 마르크스의 주장은 우리 둘을 제외한 모든 사회주의자에게 해당됐습니다."[3] 사실 엥겔스야말로 《1844년 영국 노동계급의 상태》에서 가장 먼저 노조를 강력히 옹호했다. 엥겔스는 노동조합이 "피할 수 없는 위대한 전쟁을 준비하는 노동자의 군사 학교이고 … 가장 훌륭한 전쟁 학교"라고 썼다.[4] 마르크스도 《철학의 빈곤》(1847)에서 "파업과 단결" 문제를 주요 주제로 다뤘다. 마르크스는 프루동(당시 프랑스에서 활동한 주요 '사회주의자'였고 노조에 적대적이었다)을 강하게 비판하며 노동조합을 옹호했다.

영국에서는 노동자들이 일시적 파업만을 목적으로 하고 파업이 끝나면 사라지는 불완전한 조합에 머무르지 않았다. 상시적 조합, 즉 노동조합이 나타나 사용자에 맞선 투쟁에서 노동자들을 보호하는 방어벽 구실을 했다. 서로 연합하려는 노동자들이 가장 먼저 하는 시도는 항상 조합이라는 형태를 띤다. …

대규모 산업은 서로 알지 못하는 많은 사람들을 한군데로 모은다. 경쟁은 노동자들의 이해관계를 갈라놓는다. 그러나 임금 유지라는, 사용자에 맞선 공동의 이해관계가 노동자들을 저항이라는 공동의 사상(조합)으로 뭉치게 한다. 따라서 조합은 항상 이중의 목적을 갖는다. 즉, 노동자들 사이의 경쟁을 막고, 그 결과 노동자들이 자본가들과 전면적으로 경쟁할 수 있도록 한다. … 진정한 내전인 이런 투쟁 속에서 다가올 전투에 필요한 요소가 모두 결합하고 발전한다.[5]

1850년 이후 반동의 시기가 시작되자 마르크스는 대영박물관에서 《자본론》 집필에 전념하려고 정치 활동에서 대부분 물러났지만 1864년 런던에서 열린 국제노동자협회[제1인터내셔널] 창립 대회에는 참석했다. 마르크스는 다음과 같이 썼다. "저는 이 행사에 런던과 파리의 정말로 '중요한 사람들'이 참가한다는 것을 알았고 그래서 어떤 초대도 거절해 온 평소 규칙을 포기하기로 했습니다."[6] 마르크스가 말한 중요한 사람들은 프랑스와 영국의 노동조합이었다.

마르크스는 제1인터내셔널에서 활동하는 동안 노동조합 투쟁이 결정적으로 중요하다고 자주 주장했다. 예를 들어, 1866년에 쓴 "노동조합, 과거와 현재와 미래"에서 마르크스는 다음과 같이 주장했다.

노동조합은 본래, 한낱 노예 상태보다는 나은 계약 조건을 따내려고 경쟁을 없애거나 적어도 억제하려는 노동자들의 자발적 시도에서 생겨났다. 그래서 노동조합의 당면 목표는 일상의 필요를 충족하고 자본의 끊임없는 침해를 차단하는 활동, 요컨대 임금과 노동 시간 문제에 한정됐다. 노동조합의 이런 활동은 정당할 뿐 아니라 필요하다. 현재의 생산 체제가 지속되는 한 이런 활동은 없어질 수 없다[강조는 지은이].

그러나 마르크스는 노동계급이 노동조합운동에만 의존하고 노동조합이 눈앞의 경제투쟁에만 집중하는 것에 대한 경고도 덧붙였다.

동시에 노동계급은 임금제도의 노예라는 자신의 처지를 망각한 채 일상 투쟁을 궁극적 활동인 양 과장하면 안 된다. 노동계급은 자신이 원인이 아니라 결과에 맞서 싸우고 있다는 사실을 명심해야 한다. 일상 투쟁은 하향세를 지연시킬 뿐 그 방향을 바꾸지는 못한다. 병 자체를 고치지 못하는 임시 처방일 뿐이다.[7]

《임금, 가격, 이윤》(1865)의 말미에서도 똑같은 경고를 했다.

노동조합은 자본의 공격에 맞서 투쟁하는 저항의 구심이다. 노동조합이 패배하는 부분적 이유는 자신의 힘을 제대로 활용하지 못하기 때문이다. 일반적 이유는 노동조합이 자본주의 체제의 결과에 맞서 싸우는 것으로 스스로를 제한하기 때문이다. 즉, 자본주의 체제에 도전하지 않고 자신의 조직력을 노동계급 해방과 임금 제도 철폐를 위한 지렛대로 사용하지 않기 때문이다.[8]

1875년에 마르크스와 엥겔스는 독일 사회민주당이 자신의 정치 강령(이른바 고타강령)에서 노동조합의 구실을 제대로 다루지 못했다고 날카롭게 비판했다.

노동조합을 매개로 노동계급을 하나의 계급으로 조직하는 것에 대한 언급이 아예 없습니다. 그런데 이는 매우 중요합니다. 노동조합은 프롤레타리아의 진정한 계급 조직이고 그 속에서 노동계급은 자본과 일상적으로 투쟁하고 자신을 훈련합니다. 오늘날 노동조합은 더는 쉽사리 분쇄되지 않을 뿐더러, 지금의 프랑스처럼 반동이 극에 달한 상황도 견뎌 냅니다.[9]

19세기를 거치며 영국 노동계급 운동은 중심축이 차티스트운동에서 노동당 개혁주의로 바뀌면서 점점 더 개혁주의적으로 변했고 온건해졌다. 이 때문에 마르크스와 엥겔스는 노동조합 지도자들을 더 강하게 비판했다.

타락한 노동조합 지도자들은 사우스웨일스의 노동 형제들이 탄광 소유주들의 탄압으로 아사할 지경에 이르렀는데도 손가락 하나 까

딱하지 않았습니다. 비열한 작자들! … 버트와 파렴치한 맥도널드는 의회의 유일한 노동자 대표들일 뿐만 아니라 (놀랍게도) 광원들을 직접 대표하고 스스로 광원 출신인데도 '대자유당' 잔당들과 한편이 돼 표결했습니다.[10]

엥겔스는 말년에 런던 이스트엔드에서 파업이 번지고 (미숙련 노동자를 대변하는) 신노동조합운동이 성장하자 크게 기뻐했다 (이 파업과 신노동조합운동의 성장에는 엘리너 마르크스* 등 여러 사회주의자들이 중요한 구실을 했다). 그러나 이때조차 엥겔스는 존 번스 같은 신노동조합 지도자들이 자본가계급에 포섭되고 있다고 우려했다.

예를 들면, 저는 존 번스가 내심 노동계급보다는 매닝 추기경, 시장市長, 전체 자본가계급한테서 명성을 얻은 것을 더 자랑스럽게 여기는 것은 아닌지 의심할 수밖에 없습니다.[11]

이렇듯 상황 변화에 따라 강조점이 바뀌었지만 마르크스와 엥겔스는 1844년부터 생애 말까지 노동조합을 계급투쟁에서 필수불가결한 요소로 언제나 옹호했다. 그러나 동시에 노동조합을 무

---

* 마르크스의 막내딸.

비판적으로 지지하거나 그 자체만으로 충분하다고 여긴 적도 전혀 없었다.

레닌, 트로츠키, 코민테른

차르 전제정치의 억압으로 러시아에서는 노동조합운동의 정상적 발전이 불가능했고 그 때문에 1905년 혁명 전에는 진정한 노동조합이 존재하지 않았다. 그렇지만 주바토프 조합이라는 괴상하지만 유익한 사례가 있다. 세르게이 주바토프는 10대에는 혁명가였지만 [변절해] 경찰 밀정 노릇을 하다가 오흐라나(차르 정부의 보안경찰)의 최고 책임자가 된 자였다. 주바토프는 자신의 경험을 살려 1900~03년에 노동자 '조합'을 설립해 혁명가들의 영향력을 차단하고 노동자들을 통제하려 했다. 흥미로운 것은 레닌이 의외로 자신의 지지자들(이들은 아직 볼셰비키가 아니었다)에게 이 조합 안에서 정치 활동을 벌이라고 했다는 점이다.[12] 이 '조합'들은 노동자 투쟁이 벌어지면 거의 모든 경우에 조합 지도부의 통제를 벗어났다. 1903년의 연쇄 파업 이후 주바토프는 해임됐다. 이와 비슷하게 러시아정교회 신부이자 경찰 밀정이던 가퐁 신부가 페테르부르크에서 '러시아 공장·작업장 노동자회의'를 조직했다. 이 단체는 [차르의] 동궁으로 향하는 거대한 행진을 이끌었고, 이때 벌어진 피의 일요일 사건으로 1905년 혁명이 시작됐다. 두 경우 모두, 대중투쟁이 벌어지자 단체의 근본적 계급 기반이 최악의 지도자들마저 적어도 부분적으로 극복했다.

레닌과 볼셰비키는 이런 교훈을 잊지 않고 코민테른(1919년에 창립된 세계혁명 정당으로 공산주의 인터내셔널의 약칭이고 제3인터내셔널로도 불린다)을 조직할 때 적용했다. 코민테른 건설 초기에 [볼셰비키는] 두 전선에서 정치적 전투를 치렀다. 첫째는 개혁주의와 중간주의(독일 사회민주당의 카우츠키주의 '중간파'와 그 국제적 동조자들로 마르크스주의를 자처했으나 실제로는 개혁주의였다)에 맞서는 것이었다. 둘째는 철없는 초좌파주의에 맞서는 것이었다. 초좌파주의는 제1차세계대전 뒤 혁명이 확산하던 시기에 많은 유럽 나라에서 주요 세력으로 자리 잡았다. 두 전선에서 모두 노동조합 문제가 중요한 구실을 했다. 중간주의에 대항한 싸움에서 코민테른은 이른바 '암스테르담 노동조합 인터내셔널'의 지도자들(카를 레기언, 아서 헨더슨, 레옹 주오 등)을 날카롭게 비판했고 암스테르담 인터내셔널 소속 노동조합들을 모스크바에 기반을 둔 적색노동조합 인터내셔널로 끌어들이려 노력했다. 레닌은 노골적으로 암스테르담 인터내셔널의 지도자들을 주바토프에 비유했다. "곰퍼스, 헨더슨, 주오, 레기언 따위의 무리는 주바토프와 다름없는 작자들이다. 단지 유럽 신사처럼 차려입고 광을 냈을 뿐이다."[13] 동시에 트로츠키는 미국·프랑스·스페인의 다양한 신디컬리스트들(모나트, 로스메르, 페스타냐 등)과 훨씬 우호적으로 토론하고 논쟁했다. 트로츠키는 신디컬리스트들이 "자본가계급과 맞서 싸우길 바랄 뿐 아니라 … 정말로 자본가의 머리통을 부숴 버리길 원하는 사람들"이라고 평가했고[14] 신디컬리스트들에게 혁명적 노동조합운동과 함께 혁명적 정당도 필요하다고 설득했다.

레닌은 코민테른 3차 대회를 준비하며 초좌파주의(1920년에 초좌파주의와 투쟁하는 것은 전후의 혁명 물결이 퇴조하면서 특히 긴급한 과제였다)에 대항해 싸우기 위해 가장 중요한 저작의 하나인 《'좌익' 공산주의 ― 유치증》(1920)을 썼다. 이 책은 전략과 전술, 당과 계급, '타협 거부' 정책, 부르주아 의회에 참여할 필요성 등 수많은 쟁점을 다루지만 특히 '혁명가들이 반동적 노동조합에서 활동해야 하는가'라는 문제를 분명하고 날카롭게 다뤘다.

독일 '좌파'들은 이 물음에 무조건 아니라고 답해야 한다고 생각한다. … 독일 '좌파'들이 이런 전술을 혁명적이라고 확고히 믿더라도 이 전술은 사실상 근본적으로 틀렸고 공문구에 불과하다. … 독일 좌파들은 반동적 노동조합에서 활동할 수 없고 활동해서도 안 된다고 주장한다. 공산주의자는 이런 활동을 거부할 수 있어야 하고 노동조합에서 탈퇴해 매우 활력 있는 (그리고 아마도 대다수가 매우 젊은) 공산주의자들이 창안한 완전히 새롭고 나무랄 데 없는

'노동자 동맹'을 만들어야 한다는 것이다. 독일 좌파들의 이런 장광설도 … 우스꽝스럽고 유치한 헛소리일 뿐이다. …

자본주의 발전 초기에 노동조합은 노동자들이 분열과 절망을 극복하고 계급 조직의 기초를 닦은 것이므로 노동계급에게 커다란 진보였다. … 프롤레타리아는 노동조합을 거치지 않고서는, 노동조합과 노동계급 정당의 상호작용을 거치지 않고서는 세계 어느 곳에서도 발전하지 못했으며 발전할 수도 없었다.

우리는 노동자 대중의 이름으로 그리고 노동자들을 우리 편으로 설득하고자 '노동귀족'에 대항해 투쟁을 벌이고 있다. 다시 말해, 우리는 노동계급을 우리 편으로 설득하기 위해 기회주의적이고 사회애국주의적인 지도자들에 대항해 투쟁을 벌이고 있다. 이런 가장 기본적이고 자명한 진실을 잊는 것은 어리석은 일이다. 그런데 독일 '좌익' 공산주의자들은 노동조합 **상층 지도부**의 반동적이고 반혁명적인 성격을 이유로 … 매우 어리석은 결론을 내린다. 노동조합에서 탈퇴하고 노동조합에서 활동하기를 거부하고 새로운 인위적 노동자 조직을 만들자는 것이다! 이것은 공산주의자들이 자본가계급에게 바칠 수 있는 최상의 봉사와 다름없는 것으로 도저히 용서할 수 없는 실수다. … 반동적 노동조합에서 활동하지 않겠다는 것은 충분히 발전하지 못한 후진적 노동자 대중을 반동적 지도자, 자본가계급의 하수인, 노동귀족의 영향력 아래에 내버려 두겠다는 뜻이다.[15]

레닌의 비판은 매우 강력하지만 기본 사상은 아주 간단하다. 노동조합에는 수많은 노동자가 있고 노동조합은 그 지도부와 별개로 본질적으로 노동계급의 대중조직이다. 그러므로 혁명가들은 노동계급 대중과 접촉하고, 그들에게 영향을 미치고, 그들을 이끌기 위해 이런 노동조합에서 반드시 활동해야 한다. 레닌의 견해는 코민테른에서 승리했고 이후 모든 진정한 사회주의자들, 즉 노동계급을 자신의 기반으로 삼는 사회주의자들이 노동조합 운동과 관계 맺는 데 출발점이 됐다.

그러나 당시 레닌의 주장에는 한 가지 약점이 있었다. 레닌은 제2인터내셔널이 개혁주의와 사회애국주의(제국주의와 제1차세계대전을 지지한 것)로 타락한 것과 사회민주당이 노동계급과 노동조합에서 상당한 지지를 받는 이유를 설명하려는 시도로 '노동귀족' 개념을 사용했다. 이 말은 엥겔스가 마르크스에게 보낸 편지에서 따온 것으로 레닌은 1916년에 쓴 소책자 《제국주의와 사회주의 운동의 분열》에서 다음과 같이 간추려 설명했다.

객관적으로 기회주의자들은 프티부르주아의 일부이고 제국주의적 초과이윤에 매수된 노동계급의 특정 계층으로 자본주의의 경비견 노릇을 하며 노동운동을 타락시키는 자들이다. …
제국주의 나라의 노동계급 상층부는 부분적으로는 후진국 대중의 희생을 대가로 특권을 누리고 있다.[16]

토니 클리프는 《개혁주의의 경제적 뿌리》(1957)에서 제국주의가 노동계급의 극소수 상층부를 '매수'했다는 이런 주장은 결함이 있다고 지적했다. 왜냐하면 이런 '매수'를 위한 수단들(낮은 실업률, 고임금, 노동법 개혁, 복지 등)의 효과는 상층에게만 국한되지 않고(국한될 수도 없다) 오히려 선진국 노동계급 전체의 전반적 생활수준을 상승시키기 때문이다.

레닌의 개혁주의 분석에서 도출되는 필연적 결론은 소수의 단단한 보수층이 노동자 대중의 혁명적 열망을 가린다는 것이다. 이 보수층을 깨뜨리기만 하면 혁명이 용암처럼 용솟음치며 분출하리라는 것이다. … 그러나 이런 결론은 지난 반세기 동안 영국과 미국 등의 개혁주의 역사에서 입증되지 않았다. 개혁주의가 견고하고 노동계급 구석구석까지 영향을 미치고 혁명적 소수를 모두 좌절시키고 상당히 고립시킨 것은 개혁주의의 경제·사회적 뿌리가 레닌의 주장과 달리 "극소수 프롤레타리아와 노동 대중"에 있지 않다는 점을 매우 분명하게 보여 준다.[17]

클리프의 비판은 노동조합의 개혁주의적 지도자들을 단지 제국주의에 '매수'된 자들로 여길 것이 아니라 그들의 구실에 대한 분석을 발전시킬 필요가 있음을 보여 준다. 이 점은 뒤에서 다루겠다.

1923년 무렵부터 스탈린주의 반동이 러시아를 집어삼키고 혁명이 국가자본주의로 변질하자, 코민테른은 국제 노동자 혁명의 도구에서 소련의 외교정책 도구로 급속히 변질됐다. 코민테른의 주요 목적은 영향력 있는 정치 세력이나 지도자들과 우호적 관계를 맺고 그들이 서방의 러시아 개입에 반대하도록 포섭하는 것이 됐고 이것은 당연히 노동조합 활동에 영향을 미쳤다. 이것을 보여 주는 가장 극적인 사례는 영·소 노동조합위원회와 그것이 1926년 총파업 당시 영국 공산당 정책에 미친 효과다.

1925년에 설립된 이 위원회는 소련의 노동조합 간부들과 영국 노총TUC의 중앙위원들(특히 퍼셀, 힉스, 스웨일스 같은 '좌파')의 합동 회의였다. 스탈린은 이 위원회의 목표를 다음과 같이 설명했다. "일반적으로는 제국주의 전쟁에 맞서서 … 특수하게는 영국의 러시아 개입에 반대하는 광범한 노동계급 운동을 조직하는 것이다."[18] 이 동맹의 결과로 영국 공산당은 총파업 기간에 노동조합 지도부, 특히 '좌파' 지도부에 대한 비판을 누그러뜨렸다. 심지어 노총 중앙집행위원회가 마치 혁명적 소비에트인 양 "모든 권력을 노총 중앙집행위원회로"라는 구호를 제시하기도 했다. 그러나 파업 열흘째 날 노총 중앙집행위원회는 파업이 여전히 기세를 떨치고 있는데도 아무 성과 없이 파업을 중단하는 수치스런 배신을 저질렀다. 중앙집행위원회의 좌파 지도자들도 이 배신에 동참했다. 공산당은 노농계급과 소속 당원들에게 노동조합 지도자들에 의존하는 것이 위험하다고 경고하지 않았기 때문에 이런 배신을 막지 못했고 그로부터 정치적 이득도 얻지 못했다.

영·소 노동조합위원회를 둘러싸고 벌어진 일들은 스탈린주의자들과 좌익반대파 사이의 투쟁에서 주요 쟁점이 됐다. 트로츠키는 소련 공산당 중앙위원회에서 영국 노총 중앙집행위원회의 파업 파괴자들을 거침없이 폭로하고 그들과 결별할 것을 주장하며 싸웠다. 트로츠키는 퍼셀, 힉스, 스웨일스에 대해 다음과 같이 썼다. "중앙집행위원회의 좌파는 이데올로기적으로 완전히 볼품없는 자들이기 때문에 노동조합운동의 지도부를 맡을 조직적 능력도 없는 자들이다."[19] 그리고 "이 '좌파' 친구들은 중대한 시험에 들자마자 수치스럽게도 노동계급을 배신했다. 혁명적 노동자들 사이에서 혼란과 냉소가 커졌고 자연스레 공산당 자체에 대한 실망으로 이어졌다. 공산당은 이런 배신의 메커니즘에서 수동적 일부였을 뿐인데도 말이다."[20] 요컨대 국가와 심각한 충돌을 빚는 상황에서는 좌파 노동조합 지도자들도 우파 지도자들 못지않게 믿을 수 없다는 것이고 노동자들에게 이 점을 분명히 납득시키는 것이야말로 마르크스주의자들의 의무라는 것이다.

1928년이 되자 스탈린은 지난 5년 동안의 우경화를 멈추고 코민테른 정책을 급격히 왼쪽으로 틀었다. 스탈린은 1917년 이후는 세 시기로 나뉜다고 선언했다. '제1기'는 1917~24년으로 혁명의 고조기이고 '제2기'는 1925~28년으로 자본주의의 안정기이며 '제3기'는 1928년 이후로 자본주의가 마지막 위기를 겪고 혁명적 투쟁이 직접적으로 벌어지는 시기라는 것이었다. '제3기 스탈린주의'로 알려진 이 시기에 코민테른은 노동계급 조직에 지독한 초좌파주의·종파주의적 태도를 취했다. 이런 전략은 사회파시즘 이론, 즉 사회민주당은 객관적으로 파시즘으로 변모하는 중이거나 이미 파시즘으로 변했으므로 사회민주당과의 공동전선은 가능하지 않다는 이론에 근거했다.

스탈린은 자신이 러시아에서 부하린과 농민을 공격하고 강제 공업화를 추진한 것을 좌파적 미사여구로 포장하려고 '제3기' 정책을 내놓은 듯하다. 그러나 '제3기' 정책은 국제 노동계급과 국제 공산주의 운동에 재앙을 가져왔다. 최악의 사례는 독일이었다. 독일 공산당이 사회민주당과 공동전선 형성하기를 거부한 결과, 히틀러는 제대로 된 저항도 받지 않은 채 권력을 쥘 수 있었다. 게다가 '제3기' 정책은 전 세계에서 공산당의 노동조합 활동을 엉망으로 만들었다.

사회민주주의가 사회제국주의를 거쳐 사회파시즘으로 발전해 현존 자본주의 국가의 전위대가 되고 있는 것과 꼭 마찬가지로 … 사회파시스트 노동조합 관료는 경제투쟁이 첨예해지자 완전히 대자본가 편으로 넘어가고 있다 … 개혁적 노동조합 기구가 급속히

파쇼화하는 이 과정에서 … 이른바 '좌익'이라는 자들이 특히 해로운 구실을 하고 있다.[21]

3년 사이에 코민테른의 노동조합 정책은 좌파 노동조합 지도자를 무비판적으로 지지하던 것에서 그들을 파시스트라고 부르는 것으로 바뀌었다. 이런 논리는 노동조합의 분열을 낳았고 독자적 노동조합을 꾸리도록 부추겼다. 이것은 레닌이 옹호한 정책과 정반대였다. 앞서 언급했듯이 "노동조합에서 탈퇴해 … 완전히 새롭고 나무랄 데 없는 '노동자 동맹'을 만들어야 한다는 … 독일 좌파들의 장광설은 … 우스꽝스럽고 유치한 헛소리일 뿐이다." 이 정책은 거의 모든 곳에서 매우 치명적인 결과를 낳았다. 그 이유는 자명했다. 사회주의자들과 선진 노동자들이 어떤 노동조합에서 다수 노동자에게 지지받는다면 노동조합 자체를 탈바꿈시킬 수 있을 것이다. 그러나 대개 그렇듯이 사회주의자들과 선진 노동자들이 그저 소수파인 상황에서 노동조합을 분리해 새로운 노동조합을 결성하려 들면 선진 노동자들이 다른 노동자들과 억지로 분리돼 고립되고 후진적 노동자들이 개혁주의적 관료와 배신자들의 영향력 아래 방치될 것이다. 다시 말해, 코민테른의 정책은 실제로 노동계급을 분열시켰고 관료와 사용자를 모두 이롭게 했다. 이 노선을 적용한 결과 프랑스 공산당은 당원 수가 1928년 5만 2000명에서 1930년 5월 3만

9000명으로 줄었고 영국 공산당은 1928년 5500명에서 1929년 3월 3500명으로 줄었다.

이 전략의 재앙적 성격은 강조할 만하다. 제3기 스탈린주의가 오늘날 조금이라도 영향력이 있거나 부활할 조짐이 있어서가 아니다. 진지한 노동조합 투사들이 노동조합 관료의 행태에 분노한 나머지 (실제 투쟁이 한창이거나 끝난 뒤에) 노동조합을 분리하려는 충동을 느낄 수 있기 때문이다. 그러나 역사적 경험을 보면 아무리 좋은 의도에서 출발했더라도 노동조합을 분리하는 것은 거의 언제나 오류였다. 이 점을 명심해야 한다.

국제사회주의 전통과 노동조합 관료주의

노동조합운동에 대한 마르크스주의적 분석에 크게 기여한 다음 사례는 1960~70년대 영국의 국제사회주의자들[S]이다. 콜린 바커, 짐 히긴스, 던컨 핼러스, 크리스 하먼, 도니 글룩스타인 등 많은 동지들의 집단적 기여가 있었다. 또 국제사회주의자들의 노동조합운동 분석은 수많은 노동조합 투사들과 대화를 나누면서 발전했다. 이 투사들이 모두 책이나 글을 쓴 것은 아니지만 그들의 경험은 국제사회주의자들의 이론에 반영됐다. 그러나 이 모든 과정에서 견인차 구실을 하고 지도적 이론가로 활동한 사람은 바로 토니 클리프였다.

토니 클리프는 1950년 (영국에서 조그마한 사회주의평론그룹이라는 형태로) 국제사회주의경향을 창설했는데, 이때는 전후 장기 호황의 초입이었다. 호황으로 거의 25년 동안 생활수준이 향상됐고 대체로 완전고용이 이뤄졌다. 그러자 얼마간 비정치적인 노동조합운동이 느리지만 꾸준히 성장했다. 노동쟁의가 빈번하게 벌어졌는데 대개 규모가 작았고 금세 승리했다. 노동자들의 요구 조건을 수용해 생산을 재개하는 것이 대체로 사측에 유리했기 때문이다. 이런 상황을 바탕으로 현장 조직이 번창했고 '직장위원회'가 전국적 명성을 얻었다. 우파는 직장위원회를 악마 대하듯 했고 좌파는 이들을 치켜세웠다.

1960년대 말 호황이 시들해지고 1970년대 들어 경제가 위기에 빠지자 영국의 지배계급은 노동조합을 공격하기 시작했다. 이 때문에 규모도 훨씬 크고 더 정치적인 전형적 노동조합 투쟁이 연이어 벌어졌다. 1972년과 1974년에 벌어진 광원 파업(이 파업으로 주 3회 전력 사용 제한 정책이* 시행됐고 보수당 에드워드 히스 정부가 몰락했다)과 펜턴빌 5인의** 석방을 요구하며

---

*　광원 파업으로 전력이 부족해지자 1974년 석 달 동안 병원 등 필수 사업장을 제외하고 모든 산업용 전력 공급을 주 3회로 제한했다.

**　노사관계법 위반 혐의로 펜턴빌 교도소에 수감된 항만노조 직장위원 5명을 뜻한다.

총파업 직전까지 간 1972년 파업(겁에 질린 정부가 체포된 노동자 5명을 신속하게 풀어 줘 총파업으로 나아가지는 않았다) 이 그 예다. 처음에는 노동자들이 투쟁에서 대체로 승리했지만 1974~79년에 집권한 노동당 정부와 맺은 사회 협약 때문에 노동조합 조직이 약해졌다. 이 와중에 대처가 집권했다. 대처는 노동조합의 힘을 약화시키기 위해 지속적으로 공격했고 마침내 1984~85년 광원 파업에서 노동계급에게 치명적 패배를 안겼다.

이 시기 내내 노동조합 투쟁은 영국 정치의 중심이었고 클리프와 그의 동지들은 노동조합운동에 대한 일관되면서도 꽤 혁신적인 분석을 발전시켰다. 국제사회주의자들의 분석은 의회에서 생산 현장으로 "개혁주의 중심 영역의 이동", 소득정책과 노동 악법의 구실,[22] 생산성 협약으로 노동조합을 약화시키려는 시도,[23] 사회 협약의 효과, 1970년대 말과 1980년대 초의 투쟁 침체[24] 등 많은 분야를 다뤘다. 이 분석의 핵심은 노동조합 관료주의 문제였다.

앞서 살펴봤듯이 노동조합 지도자들이 조합원들을 배신하는 경향은 새로울 것이 없고 마르크스, 엥겔스, 레닌, 트로츠키, 로자 룩셈부르크, 대니얼 디 리언 등 많은 사람들이 관찰한 바다. 그러나 노동조합 관료주의에 대한 설명은 다양해서 관료 개인의 야망과 부패, 고임금 '노동귀족'이라는 기반, 개혁주의 이데올로기 등에서 그 원인을 찾았다. 반면 클리프는 노동조합 관료를 일련의 개인들이 아니라 뚜렷이 구별되는 사회계층으로 봤다. 지역과 중앙의 각급 노동조합 상근 간부로 구성된 이 사회계층은 노동계급과 사용자 사이에서 둘을 중재하는 사회적 구실을 한다.

이 계층의 특징은 다음과 같다. 첫째, 자신이 대표하는 노동자들보다 더 많은 임금(상층 지도자들은 훨씬 고액을 받는다)을 받고 더 좋은 조건에서 일한다. 둘째, 노동자들을 강제하는 노동조건에서 상대적으로 자유롭다. 예를 들어, 노조 간부가 협상에서 휴식 시간을 양보해도 자신의 휴식 시간을 빼앗기지는 않는다. 셋째, 현장의 노동자들보다 경영진과 대화하는 데 더 많은 시간을 할애한다. 넷째, 쟁의를 이겨야 할 투쟁이 아니라 해결해야 할 골칫거리로 여기는 경향이 있다. 이와 동시에 노동조합 관료의 임금은 근본적으로 노동조합과 조합원 유지에 달려있기 때문에 관료들은 아래로부터의 압력에 종속돼 있다. 노동조합 관료가 조합원을 대표하지 않고 공공연히 배신한다면 조합원들은 그 관료를 몰아내거나 노동조합을 탈퇴할 것이다. 어느 쪽이든 노동조합 관료는 일자리를 잃게 될 것이다. 사측에 매수되는 경우를 제외하면 이데올로기와 무관하게 노동조합 관료의 물질적 이해관계는 사용자와 노동자 사이에서 균형을 유지하는 것이다.

노동조합 관료의 이런 객관적인 사회적 위치 때문에 이들은 양대 계급 사이에서 동요하는 경향을 보인다. 동요는 양방향으로 진행된다. 노동조합 관료는 노동자들의 압력을 받으면 말로나

마, 또 어느 정도는 진심으로 좌경화할 수 있다. 사장들(또는 언론과 정부 등)의 압력을 받거나 현장 조합원들을 통제할 수 없다는 두려움에 휩싸이면 우경화할 수 있고 [실제로] 그렇게 할 것이다. 노동조합 지도자나 관료 개인의 정치적 이데올로기(보통 노동당 우파나 좌파 또는 스탈린주의다)는 이런 동요와 무관하며 주요 결정 요소도 아니다. 좌우파 관료의 구별은 중요하지만 근본적이지 않다. 근본적 차이는 노동조합 관료와 현장 조합원 사이에 존재한다.

다음은 클리프가 이런 이론 체계를 바탕으로 노동조합 활동을 구체적으로 분석한 사례다.

[1970~71년] 노사관계법[보수당이 만든 노동 악법 ─ 지은이]에 반대하는 대규모 운동이 일어나 중요한 정치파업이 여러 차례 벌어졌다. 12월 8일, 1월 12일, 3월 1일, 3월 18일에 파업이 일어났고 2월 21일에는 전후 최대 규모의 노동계급 시위가 벌어졌다. 비공인 투쟁으로 시작된 이 운동은 일부 노동조합 지도부가 지지한 덕분에 대규모로 성장할 수 있었다. 이들의 지지로 운동의 분위기가 바뀌었고 "노총은 총파업을 선언하라", "보수당 정부 몰아내자" 같은 구호가 제기됐다. 운동의 공식 지도부 일부가 좌경화(비록 한계는 있었지만)한 덕분에 이런 구호들이 제기될 수 있었는데, 지도부의 이런 변화는 운동에 참가한 수많은 투사의 실제 압력을 반영한 것이었다.

이 사건들은 중요한 정치적 교훈을 준다. 초좌파적 망상, 즉 공식 노동조합운동은 망했고 조합원을 동원할 수 없으므로 혁명적 사회주의자는 비공식 현장 조합원 위원회에서만 활동해야 한다는 생각이 위험한 허튼소리임을 또다시 일깨워 줬다. 오늘날의 위험은 그 반대 환상이 강력해지는 것이다.

노동조합 관료는 정부·사용자와 노동자 사이에서 계속 동요(그 과정에서 관료 집단 사이에 분열도 나타날 것이다)할 것이고 다가오는 시기에는 동요가 더 심해질 것이다.

노동조합 관료는 소심하고 개혁주의적이다. 이 때문에 믿을 수 없을 정도로 무기력하고 불쌍한 처지에 놓인다. 노동조합 관료는 개혁을 꿈꾸지만 국가와 관계가 틀어질까 불안해하고(국가는 새로운 개혁을 거부할 뿐 아니라 기존의 개혁을 되돌리기도 한다), 개혁을 쟁취할 수 있는 유일한 동력인 노동자 투쟁도 두려워한다. 대중적 지지를 잃을까 봐 걱정하지만 무엇보다 현장 조합원은 누릴 수 없는 자신들만의 특권을 빼앗길까 봐 노심초사한다. 노동조합 관료는 국가가 노동조합을 통제하는 것은 싫어하지만 대중투쟁을 그보다 더 두려워한다. 결정적 시기에는 언제나 국가 편을 들지만 그럴 때조차 오락가락한다. 이런 태도가 실은 정부 정책 자체를 혼란에 빠뜨리고 분열시킨다는 점을 이해하는 게 중요하다.

이처럼 양면성을 지닌 노동조합 관료를 국가나 사용자와 동일시해 이들 사이의 갈등을 무시하거나 대수롭지 않게 여기는 것은 오류다. 노동조합 관료 집단은 자신의 관료적 지위 때문에 노동자들과 갈등을 빚지만 조합원이 있어야 그 지위를 보장받으므로 노동자들의 압력도 일정하게 반영해야 한다. [그래서] 노동조합 관료의 정책은 일관성이 없다. 노동조합 관료가 사용자나 국가의 위협에 직면했을 때 후퇴한다는 것도 언제나 정해져 있는 게 아니다.[25]

노동조합 관료에 대한 이런 분석을 기초로 '현장 조합원 운동'이라는 노동조합 활동 전략이 발전했다. 공산당(과거 영국 노동조합운동에서 좌파의 핵심 세력)과 노동당 좌파는 '범좌파 연합'(좌파 지도부를 세우고 지원하는 것을 주요 임무로 삼는 활동가 집단)을 구성해 활동했고 금속노조의 휴 스캔런, 운수일반노조의 잭 존스 등을 노동조합 지도부로 만들었다. 반면 현장 조합원 조직의 주요 목표는 작업장의 투사들을 결집해 필요할 경우 노동조합 지도부와 독립적으로 행동할 수 있도록 하는 것이다. 그렇다고 해서 노동조합 선거에 기권하자는 게 아니다. 현장 조합원 조직은 우파에 맞서 좌파를 지지할 것이고 때로는 독자적 후보를 낼 수도 있다. 그러나 노동조합 선거는 기층에서 활동가들의 네트워크와 행동을 발전시키는 것에 비하면 부차적이다. 이 전략의 핵심 요소는 노동조합 민주주의를 위해 싸우는 것이다. 다시 말해, 현장 조합원들이 노조 지도부를 더 잘 통제하도록 하는 것이다. 클리프는 다음과 같이 썼다.

노동조합에 대한 냉소 때문에 노동조건을 방어하는 당면 경제투쟁조차 점점 더 어려움을 겪을 것이다. 노동조합에 대한 노동자 통제는 점점 더 중요한 요구가 될 것이다. 이것은 노동조합 구조를 철저하게 바꾸라는 전통적 방식(지도부는 모두 선출하고 소환할 수 있어야 한다, 지도자는 조합원들보다 더 높은 임금을 받아서는 안 된다 등)일 수도 있고 공산당과 노동당 '좌파'식의 순전히 개혁주의적이고 기회주의적인 방식("누구에게 투표하라" 등)일 수도 있다.[26]

1970년대 초중반에 운동이 절정에 이르렀을 때 국제사회주의자들(과 그 후신인 사회주의노동자당SWP)은 여러 산업에서 현장 조합원 조직을 성공적으로 건설했고 상당한 지지를 받았다. 각 현장 조합원 조직은 〈현장 교사〉, 〈항만 노동자〉, 〈자동차 노동자〉, 〈병원 노동자〉 등 자신의 현장 신문을 발행해 꽤 많이 판매했다. 그러나 1980년대 초 산업 투쟁이 심각하게 침체하자 사회주의노동자당은 노동조합 활동을 줄이고 약해진 현장 조합원 조직들을 해체해야 했다. 그렇지만 이때도 노동조합 관료를 믿지 않고 현장 조합원에 집중한다는 원칙을 유지했다.

최근 몇 년 동안에는 산업 투쟁 수준이 매우 낮은 가운데 정치적 급진화(특히 반전 운동을 통해서)가 일어났기 때문에 사회주의노동자당은 '정치적 노동조합운동'을 강조했다. 이것은 당원들이 자신이 속한 노동조합에서 경제적 쟁점뿐 아니라 이라크 전쟁, 인종주의, 팔레스타인 문제 같은 정치적 쟁점도 제기할 필요가 있음을 강조하는 것이다.

마르크스주의 전통의 요점

이렇게 170년 동안 노동조합운동에 개입해 온 마르크스주의 역사에서 이끌어 낼 수 있는 주요 결론을 간단히 요약하면 다음과 같다.

1. 노동조합은 노동계급의 기본적 대중조직이다. 사회주의자는 노동조합을 지지하며 그 안에서 활동하고 어떤 상황에서도 노동조합 투쟁을 건설하려 한다.

2. 노동조합은 반드시 필요하지만 한계도 있다. 자본의 공격에 맞서 노동계급을 지키려면 노동조합이 필요하지만 노동조합만으로는 자본주의를 타도할 수 없다. 노동계급에게는 노동조합뿐 아니라 노동계급의 (혁명적) 정당과 노동자평의회가 있어야 한다.

3. 노동조합은 노동계급을 되도록 폭넓게 아우르는 조직이 돼야 한다. 따라서 사회주의자는 노동조합이 단결을 유지하도록 최선을 다한다. 일반적으로 사회주의자는 노동조합을 분리해 새로운 노동조합을 만드는 것에 반대한다. 노동조합을 분리하면 선진 노동자가 상대적으로 후진적인 다수에게서 고립되고 개혁주의적

지도자들이 노동조합을 더 쉽게 통제하게 될 공산이 크다.

4. 거의 모든 노동조합에서 사용자와 노동자 사이에서 동요하는 관료적 지도부가 나타나기 마련이다. 사회주의자는 우파 지도부에 맞서 좌파 지도부를 지지하면서도 기층 노동자들에게 노동조합 지도부를 믿거나 그들에게 의지하지 말고 노동조합 안에서 독자적으로 조직하라고 호소한다.

5. 사회주의자는 노동조합의 민주주의를 강화하려고 노력한다. 이를 위해 모든 지도부를 선출·소환할 권리, 지도부의 임금을 조합원 평균임금으로 제한하기, 민주적 총회 등을 요구한다.

후주

1   Jonathan Neale, *The Cutlass and the Lash*, London, 1985.

2   Marx & Engels, *Selected Correspondence*, Moscow, 1965, p 55.

3   위의 책, p 300.

4   F Engels, *The Condition of the English Working Class in 1844*, London, 1968, p 224[국역: 《영국 노동자계급의 상태》, 두리, 1988].

5   K Marx, *The Poverty of Philosophy*, Progress Publishers, 1955[국역: 《철학의 빈곤》, 아침, 1989].

6   Marx & Engels, 앞의 책, p 146.

7   K Marx, *The International Workingmen's Association, Instructions for the Delegates of the Provisional General Council*, 1866.

8   Marx & Engels, *Selected Works*, Moscow 1977, p 75.

9   F Engels to August Bebel, 1875.

10   K Marx to W Liebknecht, 11 February, 1878.

11   F Engels to F A Sorge, 7 December, 1889.

12 V I Lenin, 'Left Wing' Communism: An Infantile Disorder, Peking, 1965, p 47[국역: 《공산주의에서의 좌익 소아병》, 돌베개, 1995].

13 위의 책, p 47.

14 L Trotsky, The First Five Years of the Communist International, vol 1, p 98.

15 V I Lenin, 앞의 책, pp 36~44.

16 V I Lenin, Imperialism and the Split in Socialism, 1916.

17 Tony Cliff, 'Economic Roots of Reformism', Neither Washington Nor Moscow, London 1982, p 109.

18 J Stalin, On the Opposition, Peking 1974, p 355.

19 L Trotsky, On Britain, New York 1973, p 163.

20 L Trotsky, Writings on Britain, vol 2, p 253.

21 Resolution of the Comintern Executive, July 1929, D Hallas, The Comintern, London 1985, p 126[국역: 《우리가 알아야 할 코민테른 역사》, 책갈피, 1994]에서 인용.

22 Tony Cliff, Colin Barker, Incomes Policy, Legislation and Shop Stewards, London 1966.

23 Tony Cliff, The Employers' Offensive: productivity deals and how to fight them, London 1970.

24 Tony Cliff, 'The balance of class forces in recent years', International Socialism 2:6, 1979.

25 Tony Cliff, 'The Bureaucracy Today', International Socialism 1:48, 1971.

26 Tony Cliff, In the Thick of Workers' Struggle: Selected Works, Vol 2, London 2002, p 139.